OTON DA SILVA ARAÚJO JÚNIOR, OFM

TEOLOGIA MORAL DIALOGANTE

Herança renovadora de Bernardino Leers

EDITORA SANTUÁRIO

Coordenação editorial:
Ana Lúcia de Castro Leite

Revisão:
Sofia Machado

Diagramação:
José Antonio dos Santos Junior

Capa:
Editora Santuário

Dados Internacionais de Catalogação na Publicação (CIP) de acordo com ISBD

A663t Araujo Júnior, Oton da Silva

Teologia moral dialogante / Oton da Silva Araujo Júnior. - Aparecida: Editora Santuário, 2023
184 p. ; 16cm x 23cm

ISBN 978-65-5527-332-8

1. Religião. 2. Cristianismo. 3. Teologia moral. 4. Moral. 5. Ética. 6. Igreja. I. Título.

2023-1315 CDD 240
CDU 24

Elaborado por Vagner Rodolfo da Silva - CRB-8/9410

Índice para catálogo sistemático:
1. Religião : Cristianismo 240
2. Religião : Cristianismo 24

1ª impressão

Rua Pe. Claro Monteiro, 342 – 12570-045 – Aparecida-SP
Tel.: 12 3104-2000 – Televendas: 0800 016 00 04
www.editorasantuario.com.br
vendas@editorasantuario.com.br

A meu pai, Oton da Silva, meu primeiro professor de ética;
a meu irmão, Sebastião, que teve de reaprender a ver o mundo;
a Frei Chico van der Poel, que tanto colaborou nesta pesquisa.
Os três se banqueteiam na Glória Eterna.
A minha mãe, Dadá, de fé inquebrantável, de sorriso fácil,
como a tocar Deus com as mãos.

APRESENTAÇÃO

Este escrito chega com atraso. A base fundamental do texto foi extraída da tese doutoral, defendida em Roma em 2012, mas o formato, assim como está, foi todo refeito, a fim de facilitar ao (à) leitor(a). Teses, em geral, são grandes, áridas, cumprem um determinado protocolo, nem sempre convidativo à leitura. Optamos por dar-lhe uma roupa nova: recortamos uma parte específica, refizemos a ordem dos capítulos, resumimos, usamos uma linguagem mais direta, incorporamos as citações longas no próprio corpo do texto. Sempre que possível, o próprio Frei Bernardino terá a palavra. Nas citações que são obviamente do Frei, citamos somente indicando o ano e a página. Para atualizar os argumentos ou para contextualizar determinadas informações, usamos alguns boxes, que visam dialogar com o argumento de um tempo atrás com as motivações da Igreja na atualidade, sobretudo no Pontificado de Francisco.

Este livro pretende alcançar alguns objetivos. O primeiro deles é apresentar a obra de Frei Bernardino a quem não o conheceu ou não sabe de sua importância para a teologia no Brasil; para quem o conheceu e teve contato com seus escritos, será uma oportunidade de revisitar suas ideias e, quem sabe, matar a saudade; para os (as) estudantes de teologia, uma pequena introdução à renovação da Teologia Moral no Brasil, com os novos ares trazidos pelo Concílio Vaticano II, mas que Frei Bernardino já intuía uma década antes.

Em muitos ambientes, as aulas de moral ainda são vistas como chatas, desatualizadas e pouco inspiradoras. Nossa experiência em sala de aula tem mostrado o contrário: é possível unir o rigor teórico à leveza da forma. É possível unir a seriedade do argumento com o humor participativo e provocador. Tenho a impressão de que Frei Bernardino aprovaria esse método.

Muitas opiniões defendidas, muitos temas desenvolvidos podem soar estranhos aos jovens do século XXI, mas o convite é uma volta ao tempo, a uma região rural de Minas, à qual eram apresentadas as novidades de uma Igreja que se renovava e que estabelecia uma nova forma de atuação junto às comunidades de fé. Em contato com gente simples, nascia um novo modo de fazer teologia e de refletir a vida eticamente. Em outras passagens, serão apresentadas as atualidades de suas reflexões que, postas à época, indicam que o teólogo estava à frente de seu tempo.

Antes de passar propriamente à contribuição do Frei Bernardino, cabe circundar o assunto com dois temas introdutórios: uma rápida apresentação do que seja a ética e a moral, e sua vivência na história da Igreja; e a renovação da Teologia Moral, a partir do Concílio Vaticano II. Com esses dois temas em mente, os(as) leitores(as) poderão compreender melhor o alcance da obra desse teólogo holandês, radicado em nossas terras.

Ethos, ética e moral

Como este escrito tem o objetivo de ser uma propedêutica ao estudo da Teologia Moral, antes de apresentarmos a contribuição do Frei Bernardino, vamos dar algumas noções sobre o *ethos*, a ética e a moral, sem a pretensão de esgotar o assunto, nem ser exaustivo com preocupações conceituais.

A primeira palavra é ETHOS, o modo de viver de um povo. No palco do teatro, ele seria o cenário, no ambiente da horta, o canteiro onde nascem as experiências humanas, com base em alguns valores próprios daquele povo. *Ethos* pode significar modo de viver, bem como casa, habitação.

O *ethos* será sempre uma realidade dinâmica. Basta comparar o modo como nossos avós viviam, pensavam, relacionavam-se, os grandes valores da vida naquelas circunstâncias e compararmos com os dias atuais para nos darmos conta de sua plasticidade. Se tomarmos duas culturas, perceberemos as diferenças não só na linguagem, nas vestimentas e nos costumes alimentares, mas também nos valores que norteiam a vida.

Quando os grupos humanos se organizam, algumas práticas vão sendo aceitas e transmitidas de uma geração à outra, até se tornarem propriamente um costume coletivo. Esses costumes vão desde coisas básicas e fundamentais na vida (e é isso que aprendemos desde crianças: falar, conviver, sabermos o que pode e o que não pode, o que é 'feio' e o que é 'bonito' em nossas ações). No fundo, estamos sendo introduzidos em um determinado *ethos*. As pessoas mais velhas estão nos passando seus costumes, aos quais damos o nome de MORAL, que abrange o modo como as pessoas convivem, como atuam no mundo. Em face dos valores morais é que fazemos nossas opções cotidianas: algumas coisas nós aceitamos e rejeitamos outras.

Dizer que os grupos humanos têm determinados costumes não significa que isso seja bom ou ruim, afinal, nós aprendemos na família, na escola, na religião muitas coisas boas, como o respeito, a honestidade, a sermos educados..., mas muitas vezes também podemos aprender coisas questionáveis, como a sermos machistas, preconceituosos, a passar os outros para trás, enfim.

Resta então saber como a pessoa se posiciona perante os costumes coletivos. Muitas vezes "faço porque todo mundo faz", "não vou porque ninguém vai". Se determinado costume vem questionado ("por que vocês fazem assim?"), a resposta muitas vezes é: "porque sempre foi assim!" A esse questionamento do sujeito perante os costumes de seu *ethos* damos o nome de ÉTICA. A ética será justamente a capacidade de questionamento do sujeito perante os comportamentos coletivos, morais, dos costumes.

O posicionamento ético colocará a pessoa como alguém que questiona seu próprio agir ou o agir de um grupo, o que é bastante desafiador porque nos vemos jogando nos dois times: ao mesmo tempo em que somos herdeiros de uma tradição moral, nós também questionamos esses próprios atos coletivos. Sentimo-nos propagadores de determinados costumes e questionadores desses mesmos costumes. Estamos dentro e fora dos costumes, o tempo todo.

O diálogo entre a perpetuação do costume e seu questionamento nem sempre é tranquilo, pois a moral tende a se autojustificar, não querer grandes mudanças. A ética, por sua vez, a provocará para que a moral reveja seus modos, para que eles sejam mais bem embasados, refletidos e não simplesmente caminhem no piloto automático, sem implicar as pessoas em seus processos históricos.

Podemos admitir que nem sempre conseguimos fundamentar nossas ações: "Por que estou fazendo assim?", "Como deveria ser feito?", "Mesmo tendo aprendido assim, posso agir de modo diferente?" O convite é que o sujeito responda por si, herdeiro de uma tradição, mas que não se veja somente como mais um na multidão, sem desejos e posicionamentos próprios. Isso implica a maturidade desse sujeito em não simplesmente ir com os outros, mas que seja capaz de assimilar costumes e valores ou mesmo desobedecê-los, quando julgar necessário.

Alguns acenos sobre o *ethos* cristão

A comunidade cristã cresceu, inicialmente, dentro de um *ethos* judaico. Jesus, ao mesmo tempo em que vive em um determinado *ethos* religioso, segue suas práticas, é capaz de perceber os pontos fracos dessa vivência e questioná-la. A recepção dos questionamentos de Jesus não foi a melhor, bem sabemos, uma vez que é próprio de um *ethos* estabelecido há muito tempo tentar se defender e se manter. Talvez o exemplo mais claro seja a relação com o Sábado que, em sua origem, tem a ver com a recordação da criação de Deus, a libertação do povo, devendo representar a não escravidão às atividades cotidianas, mas um espaço privilegiado de louvor a Deus, e que, no tempo de Jesus, se apresentava como uma estrutura engessada. Jesus reconhece o valor do Sábado, mas sabe que este foi feito para o homem e não o homem para ele (Mc 2,27).

Nos primeiros séculos das comunidades cristãs, havia uma íntima união entre a decisão de fé e a vivência concreta. A conversão à fé cristã mudava profundamente a vida das pessoas. Ser cristão não era mero crachá. A adesão de fé significava uma radicalidade de vida, implicada nas relações matrimoniais, na dinâmica patrão-empregado, nas relações sociais como um todo, correndo-se o risco, inclusive, de ser perseguido e morto, como lembramos de tantos mártires cristãos nos primeiros séculos.

A vida era iluminada e inspirada por uma fé; e a fé, por sua vez, via-se robustecida pela vida concreta das pessoas. A fé e a vida para as comunidades cristãs não eram duas ilhas que não se tocavam, ou se tocavam muito pouco; ao contrário, eram duas faces da mesma moeda.

Essa relação entre a fé e a vida foi e sempre será a grande pedra de toque no discipulado. A pergunta que temos de fazer é até que ponto a fé que professamos influencia nosso comportamento (não porque a Igreja permite ou proíbe, mas porque para mim é realmente um valor, uma meta).

Nesses primeiros tempos do cristianismo, não havia escritos propriamente a respeito de ética porque não eram necessários, uma vez que a ética estava totalmente intrincada na fé e na espiritualidade. Então, os escritos dos primeiros séculos cristãos, em geral, são escritos de espiritualidade, nos quais os pastores, os agentes pastorais – para usar uma expressão atual – exortavam as pessoas e comunidades à vivência da fé e apontavam suas consequências no concreto da vida. Tudo entendido em conjunto.

É bom lembrarmos também que, na medida em que a comunidade cristã foi se expandindo, foi encontrando outros modos de viver (outros *ethos*), o que em muitos casos enriqueceu a fé cristã, mas em outros, ofuscou a experiência primeira. Por exemplo, o movimento de Jesus não era um grupo pessimista com relação ao ser humano, ao corpo, às interações com o mundo. No entanto, outras correntes de pensamento, ao entrarem no cristianismo, conduziram a isso, desde muito cedo. As águas cristalinas na nascente cristã foram assim contaminadas por uma poluição que não fazia parte das intuições iniciais dos cristãos. Isso fez com que a fé cristã carregasse muito a tinta na noção de pecado, de uma imagem de Deus muito séria, punitiva, ameaçadora, tudo diferente daquilo que nos apresentou Jesus. Hoje, é preciso "voltar às fontes" da fé cristã, como propunha o Concílio Vaticano II, a fim de redescobrirmos um Deus misericordioso, que nos entende, corrige-nos, perdoa-nos e nos envia em missão.

Não vamos fazer aqui um resgate histórico aprofundado sobre a ética cristã. Para dar um pequeno aceno sobre a Idade Média a esse respeito, podemos lembrar que o modo de apresentar a fé era em forma de Sumas, escritos que continham todos os tratados de dogmática e de moral, de forma unida. As mais famosas talvez sejam as de Tomás de Aquino e de Pedro Lombardo. Havia movimento bastante rigoristas, com práticas penitenciais austeras, mas também havia espaço para a libertinagem e o riso debochado.

Uma virada importante que vale a pena destacar é a partir do concílio de Trento, no século XVI (1545-1563). Trento está no contexto da contrarreforma católica, após as denúncias de Lutero. Os protestantes ancoraram a fé na Sagrada Escritura (*Sola Scriptura*), tendo para isso, inclusive, traduzido a Bíblia do latim para o alemão (língua do povo). Os católicos, por sua vez, lentamente foram se afastando do contato com o texto bíblico e adotaram como livro o Catecismo da Igreja católica, com perguntas e respostas prontas.

De forma muito resumida, o que veio a partir daí foi a distorção cada vez maior não só da Sagrada Escritura, mas também da pessoa de Jesus, visto muito mais como uma entidade implacável e temerária do que como um bom pastor, manso e humilde de coração. Ao mesmo tempo, a moral se aproximou do Direito civil, com todos os personagens: juiz, réu, advogados, sentenças e penas. As consequências conhecemos bem: o agir moral dos católicos se viu emoldurado pelo rigorismo, com ênfase nas penitências e mortificações, mais preocupado em alertar para o pecado do que anunciar a Graça. Todo esse contexto foi fortalecido pelo Jansenismo, movimento francês com influências na filosofia e na teologia, que incentivava justamente essa moral rigorista, em um cristianismo amedrontado pela severidade de Deus. A imagem de Deus-juiz, austero, não é tão fácil de ser modificada, uma vez que parece fazer parte de certo arquétipo da divindade que vigia, pune e recompensa os que forem dignos. Quem não se lembra da figura do padre bravo, que ameaçava, jogava praga!? Um bom retrato desse tipo de mentalidade.

O movimento protestante também conheceu tendências rigoristas, puritanas, cerceadoras, como podemos ver em livros e filmes em que em alguns lugares da Inglaterra e dos Estados Unidos muitos viviam em vilarejos afastados, com regras e disciplinas próprias em um código moral bastante austero. Mas não vamos nos aprofundar nisso, queremos só lembrar que uma moral rígida e punitiva não foi um "privilégio" dos católicos.

Quando o Concílio Vaticano II insistiu no resgate do contato com a Bíblia, isso representou muito mais do que poder ler um livro, significou a redescoberta da pessoa de Jesus e de seus modos de agir. Algumas palavras foram resgatadas, porque há muito tempo estavam debaixo do tapete, tais como: graça, misericórdia, perdão, ternura, compaixão, amor...

O Concílio Vaticano II insistiu na historicidade da vida, na positividade antropológica, uma vez que nós somos imagem e semelhança de Deus. Esse cristão é chamado a agir no mundo e se empenhar pela plenitude da vida para todos, não ficar só se preocupando se foi ou não pecado a cada momento. Não que o pecado não seja importante, mas ele tem de ser visto no arco de todo o seguimento a Jesus, no contexto de pessoas imperfeitas, que vão se equivocar, vão se deixar levar por pensamentos e ações indevidas; mas Deus, que é nosso bom Pai, entende-nos, acolhe-nos, admoesta-nos, perdoa-nos e pede para que isso não se repita mais ("vá e não peques mais").

A relação entre a Igreja e a sociedade civil no período pré-conciliar era de mútua desconfiança e acusações. Para a Igreja, a sociedade padecia de "modernismo"; para a sociedade, a Igreja era retrógrada, anticientífica. O Concílio pretendeu reconciliar a Igreja e o mundo civil, deixando as condenações para ser uma Igreja samaritana, servidora amorosa das pessoas. Pensar nessa Igreja samaritana é o que nos leva a entender a atuação de Frei Bernardino, como veremos. O lugar do padre não era mais só a sacristia ou a casa paroquial. De sua boca não saiam só orações. Não se punha como guardião da moral e dos bons costumes, mas anunciava com palavras e obras a Boa-Nova do Evangelho ao mesmo tempo em que se deixava encantar pelo modo como as pessoas simples viviam sua fé.

Por fim, no bojo da teologia, cabe à moral estabelecer um diálogo com outras áreas do saber, não só religioso, tais como a psicologia, a medicina, a economia, a política, enfim, tudo o que colaborar para entender melhor o ser humano em seu contexto, a fim de que a sociedade seja um espaço propício de humanização e solidariedade.

Os dois primeiros capítulos visam situar o ambiente em que se deu a contribuição de Frei Bernardino para em seguida aterrissar propriamente no itinerário do teólogo holandês.

I

A RENOVAÇÃO DA TEOLOGIA MORAL NO BRASIL

Após séculos da chamada "moral casuísta", com ênfase na culpa e no pecado, em um distanciamento entre a Igreja e a sociedade civil, coube ao Concílio Vaticano II reconciliar essas relações e insistir na volta às fontes da vida cristã. O retorno bíblico fez redescobrir o rosto bondoso de Deus, revelado na pessoa de Jesus; os pressupostos eternos passaram a ser entendidos no tempo e no espaço. A vida cristã passava de uma dimensão meramente individual para assumir uma participação comunitária, do compromisso social, em prol da vida de todos. Mesmo com seus limites, como apontaram as conferências do CELAM, não há dúvida de que o Concílio representou um divisor de águas, não só no entendimento interno da Igreja, mas nas relações dessa com o mundo 'lá fora', bem como na reflexão sobre o agir humano, que aqui nos interessa em especial. Para entendermos o empenho de Frei Bernardino, é preciso ter em vista as contribuições conciliares a respeito da Teologia Moral.

A renovação eclesial a partir do Concílio Vaticano II (1962-1965) despertou um interesse imediato em Frei Bernardino Leers, que tratou de colocá-la logo em prática. Era preciso repensar de modo diferente o diálogo entre a Igreja e a sociedade, uma nova forma de compreender os ministérios eclesiais, uma outra relação com as outras tradições religiosas, enfim.

No tocante à Teologia Moral, embora o Concílio não lhe tenha dedicado nenhum documento específico, as renovações se deram baseadas nas proposições de *Gaudium et Spes* (sobre a Igreja no mundo atual), sobretudo ao resgatar o valor da consciência moral, e no decreto *Optatam Totius*, n. 16

(sobre a formação dos presbíteros). Dada a relevância desses dois parágrafos, vamos citá-los, ao menos, em suas passagens principais:

"A consciência é o centro mais secreto e o santuário do homem, no qual se encontra a sós com Deus, cuja voz se faz ouvir na intimidade de seu ser. Graças à consciência, revela-se de modo admirável aquela lei que se realiza no amor de Deus e do próximo. Pela fidelidade à voz da consciência, os cristãos estão unidos aos demais homens, no dever de buscar a verdade e de nela resolver tantos problemas morais que surgem na vida individual e social" (*Gaudium et Spes*, n. 16).

Sobre a renovação da Teologia Moral nos seminários, o Concílio diz:

"De igual modo, renovem-se as restantes disciplinas teológicas por meio de um contato mais vivo com o mistério de Cristo e a história da salvação. Ponha-se especial cuidado em aperfeiçoar a teologia moral, cuja exposição científica, mais alimentada pela Sagrada Escritura, deve revelar a grandeza da vocação dos fiéis em Cristo e sua obrigação de dar frutos na caridade para vida do mundo" (*Optatam Totius*, n. 16).

A consciência entendida como santuário da pessoa coloca o ser humano em relação direta com o divino. É Deus quem fala por meio da consciência, a qual, formada à luz do evangelho, não cai em nenhum tipo de intimismo, mas é chamada a buscar a verdade e a resolver os problemas pessoais e sociais. Ou seja, não é uma moral que separa o indivíduo do mundo, mas que justamente o lança em missão na sociedade. Nesse sentido, une-se à citação de *Optatam Totius*, sobre a formação dos padres. Esse segundo documento quebra a imagem de um cristão encurvado sob o peso dos pecados, em uma moral pessimista, ao afirmar a grandeza da vocação cristã. Lembremo-nos de que a palavra "vocação" era usada somente em relação a padres e freiras. Agora, o Concílio ressalta a vocação de todas as pessoas, e uma missão: produzir frutos para a vida do mundo. Repare: os frutos são para o mundo, não só para a Igreja.

Também o método de fazer teologia mudou a partir daí. Se a Teologia dos manuais segue uma metodologia dedutiva, partindo dos dados revelados e da Tradição para chegar às experiências concretas, a "Teologia renovada, que constitui o momento do sujeito, apresenta uma visão diferente: embora não de modo totalmente explícito, favorece uma metodologia mais indutiva. Exemplo disso encontra-se na própria *Gaudium et Spes*: nos primeiros capítulos descreve a situação do mundo moderno, para só depois enunciar a mensagem e a prática cristãs" (MOSER E BERNARDINO, 1987, p. 44). Ou seja, não se parte das verdades, das normas e regras, mas da vida concreta das pessoas, para prosseguir a partir daí. Esse método ficou conhecido desde os tempos da Ação Católica como Ver, Julgar e Agir.

O Concílio buscou a superação do 'eternismo' por meio do princípio da historicidade; o pessimismo dualista pela recuperação da confiança no ser humano; o privatismo, pelo valor atribuído às realidades terrestres; o terror do pecado pela confiança na graça; o legalismo, pela valorização da Aliança.

A ênfase da espiritualidade cristã, dessa forma, passa a ser uma espiritualidade encarnada, realista, da pessoa em todas as suas dimensões. Uma vida que se perceba como processo não apenas individual e elitista, mas comunitário, que abarque não apenas o mundo do religioso-sagrado, mas inclua igualmente os fatores histórico-sociais, vivida pelo povo pobre e fiel.

Frei Bernardino, ao relembrar que o espírito cristão é basicamente experiência de comunidade, insiste que esse vínculo entre irmãos constitui o lugar por excelência entre os discípulos e o Senhor Ressuscitado. Na comunidade cristã impera uma mútua colaboração, iluminada pela luz pascal de Cristo. Diz ele:

"Quando nos conhecemos reciprocamente à luz de Deus, e nos aceitamos mutuamente como se pertencêssemos uns aos outros no Verbo Divino, então nossas consciências se acham plenamente vivas e criativas. Levando a sério nossa identidade como cristãos é que desenvolveremos uma consciência distintamente cristã, pela qual nos abriremos, sobretudo para a solidariedade eficaz com toda a humanidade. Nesse processo que se há de realizar no mundo pluralista[1] de hoje, a virtude da crítica ou discernimento se torna um imperativo" (1980, p. 417).

[1] Bernardino, "A Moral Fundamental na Atualidade", in *Atualização* 129/130 (1980), p. 417. O tema do pluralismo cultural é uma das grandes pautas atuais, do século XXI. Atente o leitor para a data desse escrito, como Frei Bernardino já considera essa questão naquela década.

Segundo a proposta do Concílio "se alguém é verdadeiramente cristão, e, portanto, possui o Espírito de Cristo, não poderá deixar de produzir fruto em favor da vida do mundo. Ao contrário, fará isto com o coração e livremente movido pela graça desse Espírito" (FUCHS, 1968, p. 29).

Características da Moral Renovada

O lugar das Escrituras

Segundo o Concílio, os cristãos deveriam se aproximar e se inspirar sempre mais da experiência bíblica, a fim de colher na fonte primeira da fé judaico-cristã a grande motivação em seu caminho de fé. Para os cristãos, a Sagrada Escritura é a fonte da revelação, a base da fé, e também o imprescindível ponto de referência da moral. Na Bíblia podem ser encontradas indicações inspiradoras para o agir, em busca da vida plena.

O modo, porém, de recorrer à fonte bíblica deve ancorar-se de um modo devidamente crítico, afinal, os textos bíblicos foram escritos em um tempo e lugares muito diferentes do nosso. É preciso buscar a centralidade da mensagem, em meio a uma linguagem diferente, um tempo diferente, um lugar diferente. O objetivo do contato com a Escritura não é tornar-se mais douto, mas mais cristão, mais discípulo. Dessa forma, acentua-se que a Moral deve retratar a Boa-Nova da Salvação expressa na Escritura. Boa-Nova que não se caracteriza pelo 'tu deves', mas pelo 'eu te libertei'.[2]

> Toda a evangelização está fundada sobre esta Palavra escutada, meditada, vivida, celebrada e testemunhada. A Sagrada Escritura é fonte da evangelização. Por isso é preciso formar-se continuamente na escuta da Palavra. A Igreja não evangeliza, se não se deixa continuamente evangelizar. É indispensável que a Palavra de Deus se torne cada vez mais o coração de toda a atividade eclesial (FRANCISCO, *Evangelii Gaudium*, n. 174).

[2] Cf. PONTIFÍCIA COMISSÃO BÍBLICA, Bíblia e Moral: *raízes* bíblicas do agir cristão, 2008, prefácio.

A Moral como Vocação

Uma das estruturas fundamentais do pensamento de *Optatam Totius* é o ser-chamado. A vida cristã é conduzida pelo Senhor que chama. Essa vocação é nobre, como sugere *Lumen Gentium* em seu capítulo 5, mesmo que diferenciada nos estados de vida cristã, é uma única e idêntica vocação, segundo a lei do espírito de Vida em Cristo Jesus. Não representa apenas obrigação, mas Boa-Nova, pois se trata de um dever sagrado e estimulante, originado no amor do Senhor que nos elege para produzir fruto na caridade.

"Esta vocação não significa apenas uma exortação saudável que levaria a perder de vista as obrigações que nossa existência nos impõe frente ao Deus criador. Comporta mais a liberação redentora das ligações que nos unem interiormente a um mundo entregue ao pecado, com o fim de alcançar a verdadeira salvação Nele, Filho de Deus feito homem, salvação que agora se faz presente, mas que, não obstante, só no futuro chegará a sua plena realização" (FUCHS, 1968, p. 88).

O princípio da Aliança

A fundamentação da Moral no princípio da Aliança aponta para uma nova impostação na maneira de conceber a Teologia, não mais como indivíduos isolados, mas como Povo de Deus. "O apelativo ético da Aliança, enquanto fidelidade, refere-se então aos próprios parceiros da vida, estabelecendo entre os homens a mentalidade da Aliança, fidelidade mútua, princípio básico da comunidade humana" (ANJOS, 1987, p. 88).

A Aliança é o sinal de um Deus que sempre acompanhou seu povo, desde as narrativas de Gênesis, passando pelos Patriarcas, Profetas até finalmente significar uma Aliança plena, mediante a realidade da encarnação e ressurreição de Jesus Cristo. Uma presença de Deus em meio às relações humanas onde Deus, pela justiça e gratuidade, descobre-se como alteridade provocativa de relações, gerando comunhão e participação.

"O fato de ser Cristo a realização da aliança, sendo ele próprio a nova aliança, é expresso de muitas maneiras. É ele que toma sobre si o peso do pecado da humanidade. Ele é o irmão que dá a toda a humanidade a liberdade incomparável de poder chamar seu Pai de Pai. Que ele é um com o Pai e um conosco é a verdade central de seu discurso de despedida e de sua oração sacerdotal: ele está em nós, e nós temos vida com o Pai somente nele e por seu Espírito. 'Nós vimos e damos testemunho e vos anunciamos esta Vida eterna, que estava com o Pai e apareceu a nós o que vimos e ouvimos vo-lo anunciamos para que estejais também em comunhão conosco. E nossa comunhão é com o Pai e com seu Filho Jesus Cristo. E isto vos escrevemos para que vossa alegria seja completa' (1Jo 1,2-4)" (Bernard Häring, *Livres e Fiéis em Cristo*, vol. I, São Paulo, Paulinas, 1979, p. 24).

O princípio da historicidade

Esse princípio não era devidamente valorizado pelos antigos manuais de Teologia Moral, incapazes de expressar o caráter histórico e transitório da atividade humana, uma vez que os problemas morais já estavam solucionados com distinções claras, independentemente do contexto e do agente. A historicidade leva à compreensão de que também a Teologia Moral se insere na história.

Com o Concílio, o princípio da historicidade foi reconhecido como fundamental para o entendimento da moral cristã, o qual pressupõe a dessacralização das elaborações teológicas. "Não podemos parar nelas – insistia Frei Bernardino –, mas deveremos buscar um ponto de partida que se coloque além de todas elas, em uma dimensão mais profunda. Esse ponto de partida sólido pode ser colocado em um fato primordial, sempre de novo tematizado pelas Escrituras: Deus nos ama e pede uma resposta de Amor" (MOSER e BERNARDINO, 1987, p. 44).

A partir do Concílio de Trento, quando as disciplinas teológicas foram divididas, a Teologia Moral se tornou um corpo árido, sem vida, imersa em abstrações generalizadas, propícia a julgamentos mais parecidos com um processo penal, com forte rigorismo, que propriamente um discurso dos seguidores de Cristo Jesus.

Como vimos, nos inícios da Igreja, os Padres nunca chegaram a pensar que a Teologia Moral pudesse ser edificada como disciplina independente. Sua teologia estava intimamente ligada com o ministério pastoral. Desse modo, a pregação da moral formava uma unidade perfeita com a mensagem da salvação que, por sua vez, se unia à celebração litúrgica dos ministérios da fé. "Graças ao Concílio, o elo entre a teologia dogmática e a moral voltou a constituir um único itinerário, uma vez que o método de ambas as especificidades teológicas é idêntico" (HÄRING, 1968, p. 38).

Toda a trajetória de Frei Bernardino no campo da Moral foi vê-la de acordo com as propostas conciliares, convocando os cristãos, em sua maturidade de fé, a darem uma resposta filial a um Deus que criou o ser humano por amor e que conta com ele para a implantação de seu Reino.

Uma das grandes insistências do teólogo holandês foi que o conhecimento humano é sempre gradual e parcial, e as diretivas que se costuma dar devem ser entendidas dentro de pressupostos culturais, filosóficos e teológicos de determinado contexto, evitando-se qualquer sentimento de perenidade e imutabilidade no universo humano. Dessa forma, os textos sobre a moral não podem ser eternizados, como se existissem fora da história e do ambiente cultural em que foram formados. A recolocação de cada um deles no contexto cronológico original é uma exigência hermenêutica que impede que pronunciamentos de épocas diversas sejam misturados, acima do tempo, como se a autoridade do magistério garantisse por si a verdade perene de seu conteúdo. "Com isso, não existem autores e livros intocáveis, como muitas vezes foi concebida a literatura neoescolástica" (MOSER e BERNARDINO, 1987, p. 53).

O caminho deve ser de mão dupla, entre a tradução de textos para a realidade popular e da experiência popular para a linguagem oficial, o que, segundo Frei Bernardino, nem sempre acontece. "Esta lacuna pesa mais na medida em que, em termos de decisões e atos morais intramundanos, os leigos desempenham um papel muito mais importante do que o clero. Na *práxis* moral, a política, economia, vida familiar, cultura, educação, meios de comunicação social, são eles as peças principais na construção do mundo moderno; eles dispõem da grande massa de experiência moral, seja ela positiva, seja negativa, conforme as medidas evangélicas" (1985, p. 737).

Cristo, centro da Moral Cristã

A pessoa de Cristo, graças ao Concílio, foi redescoberta não mais como um Deus austero, pronto para punir o pecado, mas como amor misericordioso, acolhedor do filho pródigo, da ovelha desgarrada, do Bom Samaritano a inspirar o 'vá e faça a mesma coisa'.

Ao situar Cristo como o centro da moral, o Concílio o considera "como Deus e homem, inteiramente na linha da Sagrada Escritura, de modo que a teologia moral, que o Concílio recomenda, não se distancia do homem, alienando-se em uma abstração supra-naturalística, mas seja efetivamente teologia moral do homem, que contenha, portanto, também a lei moral natural" (FUCHS, 1968, p. 13).

Cristo dá um conteúdo programático que não pode ser esquecido: os bem-aventurados (Mt 5), longe de um romantismo literário, encaminham os cristãos para a realidade de pessoas concretas, que choram, que são perseguidas por causa da justiça. As bem-aventuranças fornecem um horizonte de fundo que conduz o discípulo a procurar e encontrar modos semelhantes para ajustar o próprio agir aos valores e à visão de fundo do Evangelho, de modo a viver melhor no mundo à espera do Reino que vem. O discurso moral e o exemplo de Jesus estabelecem as bases teológicas e cristológicas da vida moral e encorajam o discípulo a viver de acordo com os valores do Reino de Deus, como Jesus os revela.

Para a espiritualidade cristã, a união em Cristo entre o divino e o humano se dá sem oposição. "O divino se abre para o humano e o humano só encontra sua identidade profunda à medida que se abre plenamente para o divino. Essa abertura total do divino para o humano e do humano para o divino se dá somente no Cristo. É justamente por essa razão que cabe a afirmativa do Cristo como revelação plena do humano. E é também por isso que cumpre aprofundar o *ethos* revelado em Cristo para se conhecer melhor o *ethos* revelado no humano" (CNBB, 2009, p. 19).

A associação entre a lei natural e a lei de Cristo servirá de grande impulso aos cristãos. Para Frei Bernardino, "a ética cristã não depende de uma teoria da lei natural que se proponha estabelecer uma ética universal na base da razão humana somente. Foi em Cristo Jesus que Deus se revelou plenamente e é nele que a natureza humana e sua produtividade foram restauradas. A visão da lei natural deve estar inserida na lei de Cristo" (1980, p. 419).

Embora muitos cristãos relacionem a lei como a vontade de Deus, e assim a obediência acontece, – ao menos, perto das autoridades – o homem de fé, fiel ao Pai em Cristo, não vê na lei um valor absoluto a ser observado rigorosamente. É possível perceber que Jesus não foi um cumpridor minucioso das leis, mas se punha perante elas de forma crítica, em função de sua fidelidade, pelo discernimento, pela justa avaliação, pelo aprimoramento e pela reforma construtiva (cf. 1971, p. 496).

"Toda lei dada por Deus é santa e divinamente grande e em qualquer caso está ordenada unicamente a Cristo e nele tem seu fim. Tudo se cifra em Cristo, em Cristo crucificado e ressuscitado. Ele é para nós salvação e lei. Nenhuma outra lei tem vigor, se não está integrada em Cristo e se não se converte, portanto, à lei de Cristo" (FUCHS, 1968, p. 119).

Daqui se inaugura uma nova antropologia cristã, baseada não na mera observância de preceitos religiosos, não raro de maneira passiva e infantilizada, mas uma pessoa plena de si, madura e responsável em sua opção de fé e em sua vocação, o que não pode servir de desculpa para a ocultação do mal, ou algo que leve a uma anomia social anárquica, mas disposta a servir a Deus, em solidariedade com os irmãos.

O *ethos* cristão se fundamenta de maneira decisiva no agir de Cristo. Dessa forma, nem sempre esse *ethos* concorda com o *ethos* vigente nas várias culturas. O cristão tem um modo de compreender e de agir que atravessa os vários *ethos*, mas sem perder sua especificidade: o próprio Cristo é a norma máxima dos cristãos (CNBB, 2009, p. 20).

A moral cristã, radicada em Cristo, não encontra nem mesmo limitações em um aspecto ou outro da vida, mas quer iluminar o discernimento dos fiéis em todas as dimensões. "Esta moral ensina a entrega total e desinteressada de si mesmo, exige fidelidade às palavras e aos exemplos do Senhor à ordem da lei moral natural, às instruções da Igreja, reprova como insuficiente o controlar-se com a observância dos preceitos catalogados, reclama, a cada passo, a ação apropriada a um constante progresso, e é vivida, mesmo que seja de maneira deficiente, pelos membros do povo de

Deus, não só na vida privada, mas também como pelo menos é de se esperar, nos acontecimentos do mundo" (FUCHS, 1968, p. 104).

Ao contrário de uma tendência intimista da religião, a lei de Cristo envia os discípulos do Ressuscitado a empenhar-se em favor da vida, evitando qualquer privatização individualista no relacionamento entre o ser humano e Deus.

"Em seu conjunto, a teologia moral deve tornar evidente que a glorificação de Deus, a plenitude e a solidariedade da salvação social e a salvação individual formam um todo uno: é todo o universo que foi redimido: trata-se de reconduzir a Cristo a totalidade do mundo" (HÄRING, 1968, p. 50).

A moral cristocêntrica do Concílio é intuída basicamente da teologia paulina, no "existir em Cristo", unindo o mistério de Cristo ao mistério da salvação da humanidade. Visto dessa forma, aponta para uma grandeza otimista no relacionamento de Deus para com seu povo, não preocupado em estabelecer um catálogo de pecados com rigor milimétrico, mas antes, quer "exprimir a nobreza da vocação dos fiéis em Cristo e o dever que sobre eles impende de produzir fruto no amor, para a vida do mundo".

A espiritualidade cristã não vê no amor um mandamento imposto extrinsecamente à pessoa humana: "a caridade que recebemos de Deus – dizia Häring – e da qual nos advém toda a força, é a estrutura mais profunda e mais fundamental da personalidade e da existência cristã. O que somos em nossa realidade de cristãos, somo-lo através do amor de Deus. A tarefa sublime do amor é exprimir totalmente nossa existência renovada" (HÄRING, 1968. p. 54).

"Ao início do ser cristão, não há uma decisão ética ou uma grande ideia, mas o encontro com um acontecimento, com uma Pessoa que dá à vida um novo horizonte e, desta forma, o rumo decisivo" (BENTO XVI, 2005, n. 2).

"Convido todo cristão, em qualquer lugar e situação que se encontre, a renovar hoje mesmo seu encontro pessoal com Jesus Cristo ou, pelo menos, a tomar a decisão de se deixar encontrar por Ele, de O procurar dia a dia sem cessar. Não há motivo para alguém poder pensar que este convite não lhe diz respeito, já que 'da alegria trazida pelo Senhor ninguém é excluído'" (FRANCISCO, *Evangelii Gaudium*, 2013, n. 3).

Crítica à Moral Casuística

A Casuística, também chamada de Moral dos manuais, foi um método de análise dos atos morais influenciados pelo Direito civil, em que cada ato era minuciosamente analisado a fim de chegar a um critério moral o mais objetivo possível. Esse método recebeu fortes críticas da parte dos teólogos renovadores, e com Frei Bernardino não foi diferente. Para ele, os tratados da Casuística mais pareciam uma aula de anatomia ou de cartografia, tudo muito bem detalhado e delimitado, criando uma moral impessoal e quase irreal, em que palavras como responsabilidade, crescimento, amadurecimento em Cristo não encontravam lugar.

Dentre os pontos que mais receberam crítica dos autores, está a falta de vinculação mais estreita com a Sagrada Escritura, a Grande Tradição e a Teologia Sistemática; o excessivo legalismo; um pessimismo de cunho dualista, que separava muito nitidamente a terra e o céu, o tempo e a eternidade, o material e o espiritual, o profano e o sagrado o que, por conseguinte, carregou as cores do pecado e ofuscou as da graça.

Häring, por sua vez, também não economizou em criticar a moral casuística: "A casuística que, em seus melhores representantes, significava capacidade de julgar com prudência, degenerou depois gradualmente em receita de aplicação mecânica, quer dizer, de controle superficial, na mão de confessores nem sempre geniais. (...) Esta minha crítica é por vezes exagerada. É que se trata aqui de desmascarar com toda a clareza uma tendência falsa, sempre propensa a uma mistura de legalismo e individualismo de salvação, elementos estes enriquecidos ainda, na maior parte das vezes, com elementos antropocêntricos pelagianos" (HÄRING, 1968, p. 95-96).

Outro elemento criticado pelos teólogos foi que a casuística favorecia uma moral individualista, sem considerar a relação entre as pessoas no plano horizontal, nem sua responsabilidade no mundo social.

"Estudando a Teologia Moral dos manuais, não se encontra muita ideia que exprima a pertença íntima deste homem à Igreja, ao Povo de Deus em caminho, ou à humanidade, com seus problemas de hoje e suas necessidades de progresso humano de hoje. (...) Os problemas sociais se limitam à questão dos deveres e direitos de um para com o outro, sem serem colocados na perspectiva da sociedade, do bem comum e da caridade" (1970, p. 18).

A moral dos manuais é uma moral externa, sem se interessar pelo que a psicologia chamaria de "motivação da pessoa", incitando-a a organizar a vida em uma ordem visível, para fora, em detrimento das convicções profundas. Além disso, o risco de um minimalismo, em uma moral não de máximas, mas de delimitações entre o permitido e o proibido, longe da liberdade proposta por Cristo. As consequências sociais, eclesiais, e mesmo pessoais são evidentes: as normas morais não questionam e não se deixam questionar; reforçam os mecanismos da inércia; freiam os impulsos renovadores (1970, p. 20-21).

O verdadeiro cristianismo não se resume à abstinência das sextas-feiras e ao cumprimento do preceito dominical. A caridade cristã é mais exigente: solicita negociar com os talentos recebidos, aproveitar as oportunidades para fazer o bem, não deixar de ouvir o chamado do próximo e do mundo convidando à compreensão, ao amor e a prestar ajuda. E ainda: "A caridade e o Espírito, que a opera em nós, impelem-nos a crescer no bem, a começar de novo depois de ter fracassado, a esforçar-nos sinceramente para fazer o bem ainda que temamos fracassar, finalmente a intentar passar do bom ao melhor, ainda quando nos figuremos bons" (FUCHS, 1968, p. 96-97).

Enquanto a moral dos manuais tende a um pessimismo da condição humana, a moral renovada baseia-se nas bem-aventuranças, nas quais já não sobressai o temor, mas o Amor; não a ameaça, mas o convite; não o pecado, mas a graça; não o medo, mas o entusiasmo. Tudo isso, sem perder a radicalidade cristã, em sua máxima de que a quem muito é dado, muito será cobrado (cf. Lc 12, 48) (CNBB, 2009, p. 47).

Os limites da Moral Renovada

Não há como negar que os avanços trazidos pela renovação conciliar no campo da moral foram enormes. Houve praticamente uma redescoberta da proposta redentora de Cristo, convidando a humanidade inteira a se sentar em uma mesa comum, no banquete do Reino. Não mais uma moral de mínimas, de escravos, mas da liberdade dos filhos de Deus.

No entanto, sobretudo graças ao desenvolvimento da teologia na América Latina, realçada pelas conferências episcopais de Medellín (1968) e Puebla (1979), e em outros países do Terceiro Mundo, vieram críticas de que a moral renovada estaria por demais relacionada aos países desenvolvidos, pouco atenta aos desafios das populações empobrecidas.

Enquanto os países desenvolvidos alçavam voos espaciais (1969), nos demais países as questões estavam ligadas a mais tênue sobrevivência, na luta quotidiana por elementos fundamentais na vida. Conforme o documento de Puebla, os problemas morais da maioria da população do continente tinham a ver com a fome, a doença, a ignorância, o desemprego, a luta por um pedaço de terra, a moradia, a dignidade humana.

Disse o Documento de Puebla: "Comprovamos, pois, como o mais devastador e humilhante flagelo a situação de pobreza desumana em que vivem milhões de latino-americanos e que se exprime, por exemplo, em mortalidade infantil, em falta de moradia adequada, em problemas de saúde, salários de fome, desemprego e subemprego, desnutrição, instabilidade no trabalho, migrações maciças, forçadas e sem proteção" (Puebla, 1979, n. 29).

Por longos anos, para que algo ganhasse *status* de valor, era preciso que viesse da Europa. Valores e costumes eram transplantados compulsoriamente para os países onde chegavam, influenciando na identidade nacional de cada um deles. A descoberta dos valores e desafios culturais latino-americanos fez a teologia dar-se conta de que se tratava de fato de um mundo novo, diferenciado dos padrões europeus. No Novo Mundo predominam fatores mestiços, que por vezes foram vistos como um fator de atraso cultural e que agora ganhavam nova significação.

Caberá à Teologia Moral reconhecer que questões vinculadas aos países ditos de Primeiro Mundo nem sempre tinham a mesma importância nos países de realidades mais periféricas. "Relações pré-matrimoniais, masturbação, eutanásia, divórcio etc. são sem dúvida problemas que se põem em todas as camadas sociais, mas não com a mesma intensidade. Eles são vitais para as elites. Eles são menos prementes para as classes subalternas" (MOSER, 1984, p. 255).

Desafios aos Teólogos da Moral

As indicativas do Concílio, bem como suas releituras latino-americanas são um convite e um desafio no seguimento de Cristo. Os teólogos, por sua vez, têm uma função de grande importância, a de auxiliar a Igreja a descortinar os passos do Criador no mundo e convidar a todos para o seguimento do Ressuscitado, Senhor da história.

O teólogo é um cristão, foi educado em uma comunidade, e para a qual ele é chamado a ser servidor da verdade, servidor da comunidade, sem nunca deixar de ser seu aprendiz em cumprir os preceitos de Deus na vida.

Para Leonardo Boff, "o teólogo situa-se dentro de um processo maior da Igreja com um ministério específico: aquele de iluminar racionalmente os conteúdos de inteligibilidade da fé e da prática da fé. Todos os cristãos devem poder pensar sua fé, pois do contrário não seria uma fé humana. O teólogo assume esta tarefa de todos e se aprofunda nela. Transforma-se em um intelectual orgânico articulado com a comunidade" (BOFF, 1984, p. 231).

Entre o teólogo da Moral e a comunidade, haverá sempre o risco de descompasso, uma vez que os dois não seguem exatamente os mesmos "livros". Os valores, as justificativas e as conclusões são muitas vezes diferentes. "Cada um deles olha a moral cristã de um lugar diferente. O moralista parte daquilo que ele vê; é um intelectual; o povo parte de sua experiência existencial" (SILVA, 1984, p. 31).

O diálogo da teologia não pode ser associado como assunto de peritos, pois o povo deixará os teólogos falando sozinhos – no dizer de Häring, em uma "torre de marfim". "E quando o teólogo da moral simplesmente não fala ou escreve, então o povo-comunidade critica sua ausência, e isso tem sido entre nós bem frequente" (ANJOS, 1987, p. 90).

Outro risco é fazer um discurso sobre variados assuntos e variadas pessoas, mas sem incluí-las na roda das discussões. "Em vez de falar ao povo ou sobre o povo, a formação moral há de ser com o povo, os pobres, com ou parte dos pobres, das mulheres, dos casais etc., que não são objetos, mas sujeitos responsáveis de sua 'produção' moral. Jesus não falou 'ex cathedra', mas em verdade" (2010, p. 19).

Para Frei Bernardino, o teólogo, em sua missão, deverá assegurar espaço e tempo para a pesquisa e elaboração de seus pensamentos. "Estudar teologia exige tempo e esforço. Na sensibilidade dos tempos atuais, o tempo passa depressa demais e ninguém tem tempo para nada. Não basta ouvir aulas, atender à chamada e pôr cruzinhas no diário de classe. Fazer tempo e gastar tempo para interiorizar o conhecimento teológico na vida pessoal são responsabilidades que se impõem mais do que no passado com seus compêndios de teologia dogmática e teologia moral. Evangelizar os outros é um belo ideal. Mas não funciona sem o evangelizador se evangelizar a si mesmo, arraigar sua fé e expressá-la melhor em sua própria convivência" (2002, p. 24).

Em tempos cada vez mais complexos, faz-se necessário reconhecer que ninguém mais domina o campo da moral. "Cooperação de colegas e interdisciplinaridade mantém o sistema doutrinário da moral aberto e em movimento, não somente por causa de problemas específicos novos, mas também na área da teologia moral fundamental, de que Deus parecia garantir estabilidade" (1991, p. 39).

Outro risco apontado por Frei Bernardino é o de simplesmente repetir o Magistério eclesial. "Enquanto em uma longa série de encíclicas e cartas os Papas fazem teologia e uma determinada teologia, praticadas nas escolas romanas, o trabalho dos teólogos é reduzido ao do glossarista medieval, comentarista e divulgador, sem ideias próprias" (1991, p. 67). E adverte: "Se surge um novo problema social ou novidade científica, ou o profissional não quer perder o emprego é só esperar e já sai uma resposta pronta da autoridade eclesiástica do Vaticano ou da CNBB" (2010, p. 19).

Em uma série de escritos, Frei Bernardino refletiu sobre a relação entre o Magistério e os moralistas, ressaltando a importância e a peculiaridade de cada função eclesial. A valorização recíproca entre eles não deverá permitir nenhum atropelo no que compete a cada um, favorecendo, antes de tudo, o valor dialogal entre os envolvidos.

Quando ocorrem tensões entre os teólogos e o Magistério, o frade holandês constata que "a tentação do moralista é de se tornar eremita que, no silêncio, cultiva suas próprias ideias; e o risco do Magistério é o de um novo autoritarismo sem liderados" (1991, p. 24).

Para Antonio Silva: "O povo espera do moralista que exerça sua função pastoral de iluminador da moral cristã. (...) O moralista não pode furtar-se a sua missão de produtor da reflexão moral. Quando o aprofundamento das questões transcende o instrumental de análise popular e quando é preciso buscar com coerência o desconhecido, o intelectual torna-se indispensável. De sua liderança ordenadora e inspiradora dependem o progresso ou o recuo de todo o grupo. Não se conhece a vida de grupo sem liderança e esta será tanto mais influente quanto mais houver necessidade de profundeza e de iluminação. E note-se que falamos de liderança e não de chefia, que é o poder formalizado" (SILVA, 1984, p. 40).

Häring, por sua vez, diz que "nenhum teólogo poderá ufanar-se de ter-se libertado, de uma vez para sempre, da tentação de querer agradar aos homens, mesmo à custa de um preço excessivo. Em razão de sua vocação, o teólogo deve servir à salvação da humanidade. Não pode se dar ao luxo de especulações ociosas, mas deve apresentar, adaptando-as ao seu tempo, a mensagem salvífica, quer ela agrade ou não. Só na fidelidade poderá prestar serviço verdadeiro" (HÄRING, 1968, p. 14).

Pela experiência eclesial da América Latina, veio à cena o caráter militante da teologia. Graças à mediação tanto das ciências sociais como das ciências humanas e da filosofia proposta na América Latina, ocorre o desafio lançado à moral latino-americana de configurar-se como ética de libertação. "Assumir o pobre como interlocutor, como eixo articulador da ética implica um questionamento de seus conteúdos. Antes de tudo, o pobre converte-se na pedra de toque no critério verificador da moralidade. Bem entendido que isso é assim, não por razões de índole meramente sociológica, nem sequer éticas: ao pobre ama-se porque é pobre, não porque é bom" (REJÓN, 1987, p. 29).

Como toda a Igreja, os teólogos são convidados sempre à conversão sincera ao Deus de Jesus Cristo e a aprender a ouvir os leigos. "Os sacerdotes e os moralistas formados, segundo o espírito do Concílio Vaticano II, vão adquirindo a consciência gradual de que ouvir com humildade a voz dos leigos, aceitar sua experiência e tornar-se sensível a sua necessidade, é parte integrante da conversão contínua a que estão obrigados. Conversão que, por sua vez, tornará muito mais fácil aos leigos ouvir a voz de ensino da Igreja concretizada no serviço humilde do sacerdote" (HÄRING, 1968, p. 104).

Cabe ressaltar o lugar que atualmente as mulheres têm ocupado na teologia. Se até há alguns anos os assuntos da fé diziam respeito sobretudo aos ministros ordenados, os quais os discutiam com relação à liturgia, agora a pauta teológica é apresentada também pelos leigos e pelas leigas. Com bons olhos vemos o interesse em cursos de aprofundamento bíblico, e outras temáticas da teologia, muitos leigos e muitas leigas inclusive estão matriculados em faculdades de teologia, sendo que muitos se enveredam para o mestrado e doutorado.

Essa nova realidade ainda é modesta em termos proporcionais, mas não há como negar que ver leigos e leigas, pais e mães de família discorrerem sobre a teologia traz uma grande riqueza para a Igreja, não somente para entender-se a si mesma, mas sobretudo no diálogo com a sociedade. Tais inserções são um remédio eficaz contra o clericalismo, algo tão nocivo na Igreja, tão denunciado pelo atual Pontífice.

> Vejo, com prazer, como muitas mulheres partilham responsabilidades pastorais juntamente com os sacerdotes, contribuem para o acompanhamento de pessoas, famílias ou grupos e prestam novas contribuições para a reflexão teológica. Mas ainda é preciso ampliar os espaços para uma presença feminina mais incisiva na Igreja. Porque o gênio feminino é necessário em todas as expressões da vida social; por isso deve ser garantida a presença das mulheres também no âmbito do trabalho e nos vários lugares onde se tomam as decisões importantes, tanto na Igreja como nas estruturas sociais (FRANCISCO, *Evangelii Gaudium*, n. 103).

II

ELEMENTOS DO *ETHOS* POPULAR MINEIRO

Este capítulo quer ajudar a identificar alguns elementos importantes sobre o modo de viver (*ethos*) do interior mineiro, em sua raiz mais tradicional. Não tem a pretensão de exaurir o assunto, mas quer elencar algumas características importantes para entender o chão rural em que pisou Frei Bernardino, e que o levaram a rever ou confirmar suas teorias e a se engajar em favor daquela população.

Ao chegar ao Brasil (1951), Frei Bernardino encontrou um *ethos* cultural bastante característico, contrastante com sua origem europeia, holandesa. O choque cultural pelo qual passou – juntamente com tantos missionários estrangeiros que vieram para cá – revelou-se não só um lugar onde semear o evangelho, mas, sobretudo, onde encontrar os vestígios do Criador[1]. O universo que mais cativou o frade holandês foi o do interior de Minas Gerais, com sua tradição barroca, suas montanhas, seu catolicismo popular, que dava à tradição religiosa um sabor próprio.

O que fará um professor de teologia com um diploma de doutorado em baixo do braço ao se defrontar com os homens e as mulheres da roça, semianalfabetos, com uma cosmovisão tão própria? Infelizmente, não são raros os exemplos em que tais encontros suscitaram, e ainda suscitam, um desrespeito pelas tradições culturais, em que os posicionamentos arrogan-

[1] Embora em certos momentos a concepção religiosa tenha dado aos missionários a ideia de que estivessem apresentando Deus pela primeira vez à população aonde chegavam, desde a Patrística já havia pensadores que alertavam para a presença de Deus no mundo, como a doutrina de Justino, Irineu, Clemente de Alexandria, Eusébio de Cesareia (*Logos Spermatikós, ou Semina Verbi*, difundido em todas as partes do mundo. Este princípio faz reconhecer os valores positivos de outras tradições culturais e religiosas que devem ser reconhecidas, acolhidas, consolidadas e levadas à plenitude (cf. SARAIVA MARTINS, 1976, p. 59).

tes e pouco abertos ao diálogo se fazem valer mais que o entendimento respeitoso, evangelizador.

Ethos Mineiro e Catolicismo Popular

O modo como as populações têm de estabelecer as relações sociais, com seus valores, consensos e suas proibições costumam girar em torno de alguns temas comuns, como o relacionamento entre homens e mulheres, a autoridade, a apropriação de bens materiais, a tolerância, a rejeição e o ostracismo, o respeito pela vida humana, a regulação das propriedades, a ordem pública, dentre tantos outros.

No caso específico da zona rural de Minas Gerais, estes temas são lidos à luz da fé católica, a qual orientava o cotidiano e dava significação à vida. No entanto, tais assuntos nem sempre são apreendidos de forma verbal, manifestando-se igualmente em gestos, símbolos e tradições folclóricas. Por sua vez, a miscigenação entre europeus, negros e indígenas, e tantos outros, contribuiu para que fatores culturais das diferentes matrizes ganhassem espaço no *ethos* brasileiro.

Como o *ethos* cultural tem a ver diretamente com a vivência humana de determinados valores, não se pode concebê-lo de forma estática, rígida, mas antes, estará em caminho processual, com seus erros e acertos. Para o teólogo holandês, o *ethos* de um povo "nunca constitui um sistema fechado de autorreprodução, mas faz parte de todo o sistema da vida social histórica, que os antepassados criaram e a geração presente assume, confirmando-o e mudando-o conforme suas possibilidades criativas, seus gostos, suas críticas e condições culturais variáveis" (1980, p. 57).

A realidade popular no Brasil, sobretudo na zona rural, é fortemente marcada pela vinculação entre a crença religiosa e os valores praticados. Não só no cristianismo, mas nas religiões em geral, é possível observar uma associação entre o fenômeno religioso e a valorização do trabalho, da propriedade, do dinheiro, da técnica, da sexualidade, saúde e mortalidade. No processo de secularização, esse vínculo entre religião e os demais aspectos sociais vem perdendo força, embora ainda possa ser observado.

A autoridade divina é invocada tanto para garantir as leis estabelecidas, em uma lógica de recompensa ou castigo eterno, quanto ao conceber Deus como alguém maior que a lei: "sei que não pode, mas Deus me compreende" (1980, p. 120).

A pertença ao catolicismo é um dos elementos importantes para o entendimento do que se poderia chamar de "ética do catolicismo popular". Todas as categorias de pessoas, social e culturalmente desiguais, podem ser católicas, assim como todos os tipos psicológicos e éticos (mesmo o louco ou o criminoso) podem se afirmar como "filhos de Deus", logo, como cristãos e católicos. O que conta para a organização da vida coletiva é que todos se comportem na vida social conforme o código moral consensual, e não que todos partilhem subjetivamente das mesmas crenças, tais como definidas pelo magistério eclesiástico.

A pregação da Igreja tinha caráter moralizante. Falava-se pouco da pessoa de Jesus Cristo e enfatizavam-se os deveres a serem cumpridos sem, todavia, dizer nem por que nem para quê. Todas as ameaças da condenação eterna e demais ações dos missionários não faziam mais do que reforçar, por meio de suas pregações e práticas penitenciais, o código moral tradicional, sobretudo da moral sexual e familiar.

Isso explica, segundo Pedro Ribeiro, "a boa aceitação dos missionários: a gente que afluía às missões não ia apenas cumprir suas obrigações religiosas, mas também ver sancionado e reforçado pela autoridade religiosa o código moral que assegurava a paz entre as famílias. Embora vindos de fora, os missionários não eram agentes religiosos impostos à comunidade local pela instituição religiosa, mas agentes cuja atividade dava aos momentos forte coesão social da comunidade local" (RIBEIRO DE OLIVEIRA, 1984, p. 165).

O prestígio das "Santas Missões" evidenciava-se por essa consciência que lhe impunha reconhecer a prática pecadora, corrigindo-a notadamente no âmbito doméstico: concubinagem, teimoso mancebio, assustado pela denúncia pública de voz extremista do padre. Não quer dizer – segundo Câmara Cascudo – "que corrigisse para o futuro. Tornada a manceba em esposa, ausente o 'santo missionário', reincidirá contra o sexto mandamento, arranjando outro encosto. A 'santa missão' reacenderia o lume das orações, fazendo-as habituais por algum tempo, terços, ladainhas, ofícios de Nossa Senhora, jejum da Semana Santa, alguma restrição no trabalho dominical! Dizer menos nomes-feios e praguejar" (CÂMARA CASCUDO, 1974, p. 174).

Segundo as observações de Frei Bernardino Leers, a pesquisa mais indutiva e empírica da moral popular encontra um obstáculo sério também na desconfiança da parte de quem está acostumado à Teologia Moral tradicional, racionalizada e construída de forma dedutiva.

"Sem dúvida – diz o frade holandês –, a moral de um povo não é formada simplesmente pela lei, mas pela maneira de o povo assumir o sistema moral ensinado ou rejeitá-lo, praticar as normas em vigor ou transgredi-las. Fora do ambiente restrito do clero e dos moralistas, no entanto, não se pode esperar um conhecimento amplo dos manuais da moral cristã" (1982, p. 35).

Essa dissonância entre o estabelecido e o praticado leva a concluir que uma lei formalmente codificada não tem a garantia de ser acolhida socialmente, como se pode observar nas leis eclesiais sobre a sexualidade, por exemplo.

"Por causa destas ambiguidades, a leitura da moral concreta do povo não pode ser feita por meio do livro das leis, codificadas pelo clero ou pela autoridade civil. Não há apenas graus diversos de tolerância prática para com a não observância de certas normas, mas até uma flagrante discrepância pode existir entre a letra e a *práxis*" (1980, p. 121).

Uma Dupla Moral

A maneira como a sociedade subscreve o comportamento para moças e rapazes demonstra enormes diferenças entre o permitido e o proibido para cada um. Na sociedade tradicional brasileira, marcada pelo regime patriarcal, os homens eram criados para "o mundo", e as mulheres, para a reclusão dos lares.

"Mulher em casa e homem na praça. Este não deve imiscuir-se nos assuntos femininos, nem se meter em copa e cozinha. Manda da sala para a rua e a mulher (esposa), do corredor para dentro. (...) Castidade? Nas fêmeas. No homem 'nada pega'. O pecado sexual Deus deixou no Mundo porque fez os membros apropriados para a fecundação. Só se peca porque Ele permite. O maior crime é o roubo. O assassinato é justificável, e o furto? Nunca" (CÂMARA CASCUDO, 1974, p. 176).

O modelo moral seguido pelo catolicismo popular, segundo Câmara Cascudo, é o do Antigo Testamento, em que a reciprocidade se dá na base da convivência. Os direitos crescem relativamente pela extensão da autoridade. O pai de família é o suplente de Deus. A mãe reina, mas governa unicamente os afazeres domésticos. É ouvida, mas nem sempre atendida, e sabe da inferioridade de sua jurisdição. A organização familiar delimita bem o campo de atuação entre homens e mulheres, constatando a existência de uma dupla moral, severa para as damas, permissiva para os cavalheiros (CÂMARA CASCUDO, 1974, p. 176).

Frei Bernardino, porém, chega a falar de uma tripla moral, diversificando ainda mais o leque de comportamentos: segundo o autor, há o código para rapazes e maridos; o código das virgens-mães, que vale com suas restrições para moças bem-comportadas e senhoras casadas de boa fama; e o código interno para a mãe solteira e a 'mulher da vida' (1980, p. 123).

A religião, dessa forma, faz parte do universo feminino. Caberá às mulheres a catequese dos filhos, a frequência às missas e demais atos de devoção. Na cultura popular tradicional, homem e religião são realidades distantes.

Os negócios "no fio do bigode"

Outro aspecto da ética popular que merece atenção é a prática de comprar e vender sem necessitar de um documento escrito, bastando simplesmente a palavra dada pelos envolvidos na transação. O nome da pessoa perante a sociedade é fundamental, pois evocar a reputação ilibada de determinado sujeito garante o sucesso do negócio.

Sem acesso fácil a cartórios e documentos formais, a população rural estabeleceu a forma dos negócios "no fio do bigode", ou seja, bastava um fio do bigode de determinada pessoa (note-se: homem), para ter a certeza de que a palavra dada será respeitada, no prazo e no valor combinado.

A honra é um elemento ético fundamental para o campesino. Por ela se é capaz inclusive de matar (como em caso de traição da esposa), de vingar-se, em uma hierarquia de valores certamente questionada, mas que imprime um consenso social respeitado e firmado, se não no papel, mas na prática quotidiana.

É interessante observar como honra e violência se dão as mãos no contexto popular. Em muitos casos da roça, as desavenças eram resolvidas com violência, com maior ou menor grau. Em tantas vezes, nem havia uma denúncia às autoridades, restando à população envolvida dar seus próprios encaminhamentos, em um sistema que não pode ser chamado sem-lei, mas com códigos éticos bem específicos, distante das autoridades, quase como em filmes de faroeste.[2]

O Humor Popular

Considerar a vivência popular somente em termos de pobreza, dureza do trabalho, injustiças sofridas, intempéries naturais e violência, daria uma falsa ilusão de que o ambiente do povo fosse de tristeza e lamentações. Apesar de haver de fato espaço para o abatimento perante esses acontecimentos, a superação popular vem, dentre outras formas, de sua capacidade de rir das situações, de levar a vida com sorriso nos lábios, apesar de tudo.

A subordinação às autoridades, por exemplo, rende imitações, piadas, trocadilhos, sempre – é claro – pelas costas do "senhor doutor". Em sua presença, o povo se comporta de maneira amigável, parecendo concordar com todas as instruções, mas quando a autoridade se vai, já começam as brincadeiras. "Diante das autoridades, o povo aprendeu cedo que 'em boca fechada não entra mosquito', e saiu pela tangente do humor escondido, refúgio e válvula dos fiéis silenciados" (2007, p. 57).

[2] Frei Bernardino se recordava de alguns casos típicos a esse respeito: Em Salinas, no norte de Minas Gerais, há uma série de casos envolvendo ética e violência. Em um deles, determinado homem bravo, desejoso de batizar seu filho, ameaçou o padre de morte, pois ele colocava uma série de rubricas a serem consideradas para a administração do Sacramento. Note-se: para a recepção do Batismo, valia a ameaça de matar o padre!

O povo sabe bem que não tem argumento para se contrapor às autoridades, não seria capaz de discordar dela em sua presença, por isso lhe resta a estratégia da irreverência velada. A intenção primeira não é a de ofender as pessoas ausentes, "mas a oportunidade de descarregar sua memória e abafar, pelas risadas, suas amarguras do passado" (2007, p. 59).

Aparentemente, o humor é inofensivo, porém, não há nada mais destruidor da "seriedade do poder" do que a crítica irreverente e festiva. Não é à toa que as ditaduras proíbem os teatros, as músicas, as danças e os disfarces de carnaval que "desrespeitam" a moral, a família, a religião, o Estado e o poder militar. Nada pode conter a irreverência popular como forma mais perfeita de resistência ao poder e à repressão. O humor é coisa difícil de ser entendida por pessoas autoritárias e inseguras. No entanto, ele é necessário para viver, sobretudo nas horas de grande sofrimento, como na doença e na pobreza. Com humor se enfrentam os horrores da vida e a ironia da história.[3]

No campo eclesial não é diferente. Como as autoridades do clero despejavam sobre o povo toda sorte de pecados e condenações, este tratou de defender-se no humor satirizado, sempre às escondidas, porque a presença do padre não é condição favorável para "caçoar da religião" e contar piadas.

A brincadeira no âmbito de instituições rígidas, dentre elas a Igreja, nunca foi visto com bons olhos, o que fomentou, desde muito tempo, um preconceito em relação às pessoas irreverentes. Como na Igreja tradicional a seriedade é sinal de santidade e honestidade, descontração e alegria são sinal de irresponsabilidade, "podemos avaliar – diz Frei Chico van der Poel – o quanto nosso povo pobre e religioso tem sofrido pela falta de sensibilidade dos chefes religiosos que tentam ensinar com 'seriedade' e moralismo aquilo que já é religiosamente vivenciado nas alegrias e festas das comunidades".[4]

A risada, para Frei Bernardino, alcança sua finalidade de aliviar e libertar as pessoas que tomam a sério sua passagem por este mundo. O

[3] Cf. VAN DER POEL, humor, in: Dicionário da Religiosidade popular, Curitiba: Nossa Cultura, 2013. O artesanato popular – lembra o autor – está cheio de fradinhos que escondem o seu órgão sexual avantajado debaixo das batinas, noivinhas que trazem bebês na barriga, quepes militares transformados em pinicos, dentre outros.

[4] https://ejesus.com.br/irreverencia-riso-e-humor-dinamismo-da-religiosidade-popular/ (05.07.22)

povo brinca para equilibrar-se na vida séria, solta nova energia para continuar viagem. Rir não só liberta o ser humano na terra, mas é mais um passo para perseverar, pois abre um horizonte de vida mais atraente. É uma quase vingança para com uma atitude que no fundo os filhos do homem não aguentam sem, de vez em quando, erupções de liberdade (1977, p. 57-59).

O Jeitinho Brasileiro

Dentre as características da ética popular observadas por Frei Bernardino, o "jeitinho brasileiro" recebeu atenção especial, uma vez que tal prática está presente "na alma do povo brasileiro", como realidade quotidiana, embora pouco analisada academicamente. Como exemplificação, pode-se lembrar do não respeitar filas, o querer levar vantagem perante uma imposição da autoridade, tentar se safar quando a situação tende a enquadrar todos em um mesmo esquema, do "sabe com quem está falando?!"

Entre o "pode e o não pode", ocorre a junção do "não pode, mas que pode". Torna-se frequentemente um modo simpático e desesperado de o ser humano relacionar o impessoal com o pessoal (atraso, falta de dinheiro, ignorância das leis, má vontade do agente da norma, injustiça da própria lei). O "jeito" é um modo pacífico e até mesmo legítimo de resolver tais problemas (cf. DAMATTA, 1986, p. 99).

O jeito assume um caráter improvisador distante das normas rígidas, do puro formalismo. Em vez de integrar-se ao sistema dominante, o sujeito se subtrai à obrigatoriedade da norma, para afirmar-se como ser livre, inventando seu modo de escapar às pressões ou solucionar um caso de aperto em seu próprio favor ou em favor dos seus. "O jeito é uma confissão do homem que não crê no poder salvador absoluto da lei e entende que o formulário das normas e sua força orientadora na vida humana tem seus limites" (1982, p. 53), e procura então um modo de escapar dessas malhas.

O "jeito" existe em decorrência de sistemas normativos absolutistas que, na perspectiva moral, pressionam o sujeito a uma obediência cega, a um salto, muitas vezes impossível a um ideal de perfeição, obstaculizando a liberdade de consciência pessoal, que precisa ser amadurecida a partir das decisões tomadas (MILLEN, 2005, p. 330).

Para Roberto Damatta, "não há no Brasil quem não conheça a malandragem, que não é só tipo de ação concreta situada entre a lei e a plena desonestidade, mas também, e sobretudo, é uma possibilidade de proceder socialmente, um modo tipicamente brasileiro de cumprir ordens absurdas, uma forma ou um estilo de conciliar ordens impossíveis de serem cumpridas com situações específicas, e – também – um modo ambíguo de burlar as leis e as normas sociais mais gerais" (DAMATTA, 1986, p. 103) O mesmo autor reconhece que "antes de ser um acidente ou mero aspecto da vida social brasileira, a malandragem é um modo possível de ser. Algo muito sério, contendo suas regras, seus espaços e paradoxos" (p. 105).

"O jeito – para Frei Bernardino – está em oposição, como uma espécie de antilei. Além de operar em espaços vivenciais em que a norma codificada ou o costume mais ou menos estabelecido não entram, o jeito é o antípoda da normatividade mesmo onde sua frequência se torna normal, que todo mundo dá um jeito. Ou ainda, o 'jeito' "é uma espécie de terceira interpretação da lei e se justifica plenamente pela verificação da inaplicabilidade ou da não objetividade da lei que cria obstáculos à operação pública e privada" (1982, p. 49).

As origens do jeitinho

Há quem veja as origens do jeito já nos tempos do feudalismo nos países latinos, em um contexto de desigualdade jurídica, sendo as leis aplicadas com rigor somente aos servos e vassalos, e com flexibilidade para a elite. Para outros autores, contudo, a raiz do "jeito" está na colonização. Dessa forma, a aparente submissão, a dependência dos fracos para com os poderosos fez com que o povo, aos poucos, criasse estratégias de conduta, até mesmo de sobrevivência, perante a situação imposta. O jeito vai em outra direção que a ação revolucionária, do enfrentamento explícito. Prefere a via disfarçada, de mansinho, mesmo incapaz de reverter a ordem, mas antes, salvando a própria pele da situação apresentada.

A desigualdade social é um dos fatores que contribuem para o surgimento do jeito. É uma velha sabedoria tomista – recorda Frei Bernardino – que um equilíbrio na vida material, nem muito pobre, nem muito rica, é condição favorável para a existência cristã no mundo. Se uma massa humana não possui um mínimo de recursos e segurança, vive de biscate ou salário-mínimo, está mal alimentada e mal alojada, não vê o futuro para os filhos, não pode fazer suas economias, enquanto é confrontada constantemente com a ostentação da sociedade de consumo farto, "sua moral não pode corresponder às exigências de um código ético, cunhado em ambiente de bem-estar humano. Talvez sua agressividade desvaneça no ópio moderno do futebol e do carnaval, mas o pobre tem de dar jeito, virar-se e ser esperto para sobreviver, com a norma, ou à margem dela" (1980, p. 117).

Em muitos casos, o jeito é julgado como safadeza, sem-vergonhice, o que não deixa de mostrar um ser humano que se coloca acima da lei, dá a volta por cima da ordem e cria uma saída da prisão que lhe escraviza a vontade de viver. O malandro seria, assim, um profissional do "jeitinho" e da arte de sobreviver nas situações mais difíceis. Não é obra de uma massa, mas de um indivíduo em particular que, na metáfora do Frade teólogo, estando o espetáculo preparado, o ator se nega a recitar o texto e se põe ele mesmo a improvisar (1980, p. 47).

Jeitinho e religião

No caso religioso, também se observa a presença do jeitinho. Ao contrário do protestantismo anglo-saxão, de caráter mais utilitário e complacente, o catolicismo se firmara como religião dogmática e de rígidos controles éticos e morais, porém com uma maior plasticidade de adaptação ao desenvolvimento dos povos e das instituições. O protestantismo em vez de recorrer ao mecanismo do "jeitinho", procura evitar a tensão social por meio da modificação de normas éticas, ao passo que o dogmatismo católico criaria condições para o surgimento do jeitinho como válvula de escape e como forma de contornar as tensões sociais.

A dependência que o povo tem do clero demonstra igualmente uma faceta interessante do jeito. "Até hoje, o povo rural pergunta ao padre se isso ou aquilo é pecado ou, mais interessante, se foi pecado, na mais completa objetivação e submissão de seus atos à decisão clerical, equilibrados apenas pelo famoso jeitinho de quem aprendeu a viver sob pressão" (1977, p. 567).

O código moral é afirmado pelo sistema religioso, o qual costuma recorrer à autoridade divina "para justificar as leis existentes, motivar e fortalecer a observância por prêmios e castigos em outro mundo. Doutro lado, também o indivíduo que deu um jeito na norma tem na religião sua defesa, pois: 'sei que não pode, mas Deus me compreende'; o resto é fazer penitência e pedir perdão" (1980, p. 120).

Frei Bernardino viu o "jeito brasileiro" próximo ao que a Teologia Moral chamou de *Epikéia*, utilizada quando as exigências da lei são superiores às forças da pessoa posta sob a lei; quando a observância da lei é praticamente insuportável, porque exigiria um esforço heroico desproporcional; a situação é tal que se pode presumir que o legislador teria feito de boa vontade uma exceção, se tivesse conhecimento do caso. A *Epikéia*, assim, associa-se à prudência, que faz prevalecer a liberdade do indivíduo, de um grupo social, libertando-os da pressão de uma lei que, aqui e agora, ameaça destruir ou mutilar o próprio processo moral dos homens (cf. 1982, p. 80-82).[5]

Para o teólogo holandês, "o jeito indica exatamente o lugar em que a moral se faz: a pessoa humana em sua concretude histórica social. Mesmo se fosse ideal e perfeito, o sistema normativo não produziria por si a moral e não garantiria a observância. (...) É a pessoa humana que está no centro da moral; e esta pessoa representa o dinamismo da libertação, do crescimento na liberdade" (1982, p. 114).

Entre o jeito e a tolerância ativa haveria uma estreita ligação: a tolerância ativa seria na teoria aquilo que o jeito é na prática. As pessoas toleram por um tempo o que não é possível mudar, mas na hora propícia, empenham-se por suas causas. O que não pode ser associado a uma passividade fatalista, estimulada muitas vezes tanto pelos poderes políticos e econômicos quanto pela religiosidade tradicional (cf. MILLEN, 2005, p. 336).

---

[5] Por Epiqueia entende-se "a interpretação moderada e prudente da lei, segundo as circunstâncias de tempo, de lugar e de pessoa" (Dicionário da Real Academia Espanhola, em sua 22ª ed.).

No campo da Teologia Moral, Frei Bernardino diz que se Cristo é o começo e o fim da moral, o cristão é como um garimpeiro que ainda não descobriu bem o valor da pedra que encontrou nem sabe o que fazer com ela. A moral, dessa forma, brota do coração do homem em sua individualidade concreta, no lugar em que este homem está situado e age. A construção do edifício moral, por sua vez, não depende simplesmente de leis, de ordens e de normas, mas sobretudo, da capacidade limitada da pessoa em acolhê-las em sua experiência concreta. No fundo – conclui o teólogo – "os mil e um jeitos que o povo inventa, sofrido e alegre, lançam um jogo animado e confuso de luzes e sombras sobre a tese moral central de que lei é feita para o homem, não o homem para a lei" (1982, p. 121).

Avaliação crítica do Jeito

Longe de receber somente a admiração, o "jeitinho brasileiro" recebe críticas sérias, sobretudo quando pensado como parte constitutiva da "identidade nacional". Dentre os questionamentos que o jeito levanta está sua incapacidade de resolver as situações injustas, pois o sujeito burla a regra a seu favor, mas após ter resolvido sua questão, tudo volta ao mesmo ponto.

"O jeito por si não é mais do que jogar uma pedra na água; a pedra separa um momento as águas; imediatamente as águas se fecham de novo, as ondas se movem para a margem, e o rio continua tranquilo correndo para o mar." Ou ainda, "é com o passar da água dentro de um cano com vários furos, tornando impossível a água chegar" (1982, p. 51 e 56).

Ao mesmo tempo em que a Moral legitima o jeito, é necessário questioná-lo. Legitima-o percebendo nele uma maneira de a pessoa agir verdadeiramente como sujeito moral, não submetido às imposições das leis; mas é preciso reconhecer seu individualismo, o "salve-se quem puder", desconsiderando os outros a seu redor.

Hubert Lepargneur avalia que o jeito, existencialmente, é a-ético, não se preocupa com moral, em flagrante contradição com a frase ritualmente repetida e aplicada, segundo a qual "os fins não justificam os meios". Diz ele: "O resultado que visamos nunca prescinde dos valores e das perspectivas éticas. O jeito é um imediatismo egoísta a serviço do interesse de uma pessoa, o agente, ou, no máximo, do pequeno grupo que o cerca. A ética do resultado que defendemos visa essencialmente encarnar o bem comum: a expressão pode envelhecer, o que ela representa, não. Grande parte do anti-intelectualismo, que certos meios acham bom ostentar com orgulho, não se explica senão como repulsa à retórica dos bons sentimentos e dos comícios, totalmente desconexa de táticas ou planos eficazes" (LEPARGNEUR, 1984, p. 111).

Há então quem proponha algumas ações práticas com relação ao "jeito brasileiro": Combater o espírito do "levar vantagem em tudo", porque não passa de máscara para a lei da selva pela qual o forte esmaga o fraco; promover uma moral menos retórica e mais atenta aos resultados; salientar a tempo e contratempo que o caminho da Justiça passa pela procura da Verdade e por alguma racionalidade.

No entanto, a apropriação do necessário para sobreviver não é jeito repreensível; não se trata aqui desta acomodação dos pobres reduzidos a estados extremos. Mas "quanto maior o poder de uma pessoa, tanto maior sua capacidade de burlar a lei e de dar jeito no que quiser: a escada do jeito é inversamente proporcional à escada da necessidade real, sendo a prática duplamente imoral, no presente, e por adiar indefinidamente a solução real ou legal dos problemas da convivência social" (LEPARGNEUR, 1984, p. 107).

A inserção em uma realidade concreta foi e continuará sendo um desafio. Não é simples retirar as sandálias dos pés e adentrar-se em um horizonte desconhecido, e mesmo os interesses podem ser os mais variados. Na história da Igreja, não poucas vezes a evangelização foi entendida como imposição cultural, à revelia da população local. Por esses poucos elementos nos foi possível entender que o chão onde o teólogo holandês pisava nada tinha a ver com seu *habitat* natural, porém, sem o desejo sincero de entender o contexto das pessoas, não haverá evangelização possível, indica-nos o Vaticano II. Não significa avalizar ou aplaudir de antemão o que se encontra, mas partir da vida concreta será sempre o primeiro passo no caminho evangelizador.

III

FREI BERNARDINO: UM TEÓLOGO ENTRE OS SIMPLES

Após uma rápida leitura sobre alguns aspectos históricos da moral cristã e as contribuições do Concílio Vaticano II a seu respeito e o *ethos* do interior de Minas Gerais, é hora de aprofundarmos sobre a pessoa e a atuação desse teólogo holandês que fez do Brasil sua casa. Ao desembarcar em terras brasileiras, trouxe debaixo do braço as lições dos manuais aprendidas na Europa. Mesmo sendo crítico dessas posições, era o que havia. Ao se encontrar com homens e mulheres simples, do interior de Minas Gerais, Frei Bernardino se deu conta de que "as aves que aqui gorjeiam, não gorjeiam como lá". Após um período de cerca de dez anos em contato com a população rural e as aulas de teologia, o teólogo moralista começou a escrever suas impressões. A Teologia Moral do Brasil passava a se renovar, mesmo sem o saber.

O ambiente familiar e a formação franciscana

Ferdinand Antonius Joseph Leers nasceu a 8 de novembro de 1919, em Bergen op Zoom, no sul da Holanda. De família eminentemente católica, foi o quarto filho em uma família de sete descentes, dois homens e cinco mulheres. O pai, Franciscus Bernardus Josef, era professor no colégio da cidade, e ensinou aos filhos desde cedo o amor pelos livros e pela pesquisa. Levava-os para a floresta e incentivava-os a observar plantas e animais, e ao chegarem a casa eram comparados nas enciclopédias que possuíam. A mãe, Wilhelmina Antonia Kogels, cuidava da casa e dos filhos.

Frei Bernadino com sua família

No início da década de 1920, a família se mudou para Apeldorn, no norte do país. Se a região sul era de maioria católica, no norte havia uma grande variedade de religiões, sendo que os Leers eram a única família católica romana de sua rua, incrustrada entre judeus ortodoxos e ateus, em um clima bastante amigável. Segundo Frei Bernardino, havia em Apeldorn, cidade de sessenta mil habitantes, cerca de oitenta religiões diferentes (cf. PEREIRA e TOSTA, 2000, p. 28).

Durante a Segunda Guerra, seu pai foi levado ao campo de concentração por seu envolvimento com movimentos sindicais e permaneceu ali por mais de três anos, regressando bastante debilitado.

Ao perceber que o filho desejava ingressar no convento, aconselhou-o a cursar o ensino estatal, visto que os colégios católicos não davam o diploma necessário para ingressar na universidade. Isso mostrava a precaução do senhor Francisco pela educação de seu filho, caso a vocação religiosa não vigorasse. Na conclusão da escola média, Ferdinand teve de prestar exames em cinco idiomas: latim, grego, inglês, alemão e francês.

Em setembro de 1938, Ferdinand entrou para o convento franciscano, adotando como frade o nome de Bernardino, provavelmente em alusão ao franciscano Bernardino de Sena (1380-1444). Durante a viagem em direção ao convento, já havia barricadas nas estradas, acenando para uma possível guerra, o que de fato acabou se concretizando para a Holanda, precisamente, em maio de 1940. O exército alemão invadiu o convento em 1942, fazendo com que os frades deixassem o local e se refugiassem em um convento semiabandonado, tendo de reconstruir boa parte do prédio e do mobiliário.

Recorda o frade: "Em Wert, em 11 de março de 1945, fui ordenado diácono e sacerdote, no sábado à tarde: 47 novos padres. De perto tínhamos assistido ao ataque aliado para libertar a Holanda toda. Fracassou. O sul ficou livre. No convento, soldados ingleses tornaram-se companheiros. Mas o norte ficou dominado e explorado pelos nazistas. A primeira missa, celebrei só com um coroinha. Apenas depois da libertação do norte, os parentes receberam a notícia. A marca da guerra era profunda demais para fazer festa" (PEREIRA e TOSTA, 2000, p. 47).

Em meio à devassidão da guerra, Frei Bernardino soube tirar lições importantes para a vida. Dizia ele: "Na guerra, a gente deixava o que não era importante. Aprendemos na guerra, isso foi um dos aspectos positivos, a relativizar um monte de coisas. A gente se tornava, eu não diria selvagem, mas gente sem muito enfeite. Isso não tinha importância. A gente chegou mesmo a uma espécie de revalorização da vida, a descobrir que a vida nua, é afinal de contas, a base de tudo" (PEREIRA e TOSTA, 2000, p. 56).

Para o frade, a relativização de muitos aspectos da vida fazia as pessoas se voltarem mais para a dimensão humana: "Sem estudar muito, a gente se tornou, apesar de tudo, mais humano, fundamentalmente humano. Não humano porque tem um diploma tal, um doutorado tal, e que possa dar aula dessas coisas. Mas, sei lá, houve certa relativização de quase tudo, da própria vida passageira. (...) O que vale a vida? O que levava evidentemente a uma reflexão sobre com o que se ocupar, o que vale na vida, o que a gente quer. A guerra me marcou muito" (PEREIRA e TOSTA, 2000, p. 57).

Em diálogo com o Provincial, Frei Prudêncio van Leusden, foi-lhe proposto especializar-se em psicologia para depois ser mandado para

Roma a fim de cursar Teologia Moral. Isso se devia à impossibilidade de ir a Roma durante a guerra, o que só pôde acontecer em 1946. Ter de estudar Moral desanimou bastante o frade, porém, como o ministro provincial lhe havia pedido para incrementá-la com a ajuda da psicologia a fim de lhe dar nova vida, acabou aceitando. A proposta inicial era que, após a conclusão do curso, ele regressasse para ser professor dos frades, em Alverna.

Durante as férias e os períodos de recesso, Frei Bernardino ia a Milão para ter acesso às obras de Sigmund Freud, proibidas em Roma, mas que um frade daquela província lhe emprestava.

Em 1951, defendeu sua tese de doutorado, com o título: "*De Homini Odienti, problematum inquisitio quoad theologiam moralem*", defendida no Ateneu *Antonianum,* de Roma, a 31 de outubro de 1951. Recordava Frei Bernardino: "Aproveitei de meus estudos de Fenomenologia, Psicologia e Psicanálise para dar um conteúdo bem mais variado e diversificado do conceito, geralmente essencialista, de 'a' pessoa humana" (PEREIRA e TOSTA, 2000, p. 59).

Ao término de seus estudos, o novo ministro provincial, Frei Apolinário van Leeuwen (que assumiu em 1947), nomeou-o para o Brasil, em substituição a Frei Odulfo van der Vat (1901-1966), doutor em missiologia, professor de dogmática em Divinópolis, MG, mas que estava sendo chamado à Holanda, a fim de preparar novos missionários. Frei Bernardino deveria ser professor, publicar, e não se envolver na "cura de almas", o que se pode dizer que desobedecera de bom grado.

Frei Bernardino em terras brasileiras

Frei Bernardino partiu da Holanda em 08 de dezembro de 1951, e desembarcou no porto do Rio de Janeiro vinte dias depois. Após um breve período em Belo Horizonte, foi mandado para Salinas, no norte de Minas Gerais (a 650 quilômetros de Belo Horizonte), onde teve, talvez, uma das experiências mais impactantes de sua vida: ver-se imerso na zona rural, convivendo com homens e mulheres do campo, de tradições, crenças e costumes totalmente desconhecidos para o frade teólogo europeu. Sem contar o grande desafio da língua portuguesa. A visita às pessoas e comunidades se dava graças aos burros que levavam os frades para povoados distantes em situações bastante precárias.

"Com curiosidade de um recém-chegado ao Brasil, aprendi logo duas coisas: o 'jeito' e 'nosso povo é muito católico, mas ignorante'. Não entendi nenhuma das duas, pois a primeira não cabia bem dentro da cabeça de um professor formado na Europa; a segunda era mais que uma contradição porque este povo começou a demonstrar que sabia mais coisas de religião do que o novato, doutor em teologia" (1987a, p. 124).

Os relatos desse período demonstram o impacto desse universo para Frei Bernardino, a ponto de influenciá-lo ao longo de toda a sua atuação e produção teológico-moral. No livro comemorativo por seus oitenta anos, reconheceu: "Salinas foi para mim uma propedêutica. Comecei minha vida brasileira mesmo, a tentativa de ser mais ou menos abrasileirado lá em Salinas. Tinha de aprender a arrear cavalo. Aprendi muito com meu burro (...). O povo era pobre, era muito simples, mas admirável em sua luta de sobrevivência. É gente que tinha coragem de enfrentar tudo, sofria, mas não desanimava" (cf. PEREIRA e TOSTA, 2000, p. 95).

Ele relembrava: "andava nessas roças a cavalo, de burro, aprendendo com o povo. Várias coisas aprendi com o povo, do meu povo, viajando, às vezes, léguas e léguas, até ficar com um cansaço doido. Mas era tão bom viver com esse povo, descobrir como vivia no interior de Salinas. A gente visitava o mercado, visitava a igreja, onde o povo rezava o ofício de Nossa Senhora em um péssimo latim, mas era latim, não era português" (PEREIRA e TOSTA, 2000, p. 75).

A experiência em Salinas durou apenas alguns meses e, em 1953, Frei Bernardino chegou a Divinópolis para iniciar sua vida de professor de Teologia Moral.

O catolicismo do interior de Minas Gerais mostrava-se submisso ao clero, detentor de grande poder e pompa. Enquanto na Holanda a situação da guerra já tinha abolido todas as honrarias e provocado certo nivelamento cultural, relativizando os poderes, no Brasil, a reverência para com os eclesiásticos ainda era percebida de forma intensa: "aqui eu descobri ainda

– dizia Frei Bernardino – um clero que era realmente de mando. O bispo Dom Cabral [Dom Antonio dos Santos Cabral (8/10/1884 a 15/11/1967) primeiro bispo de Belo Horizonte], que nos visitava em Divinópolis, era príncipe da Igreja. 'Por favor, respeitem o príncipe'. Um absurdo, a gente tinha de primeiro beijar o anel dele para ele depois dar a comunhão. Ora, achar que Jesus é menos importante do que um homem, que podia ser eu também, isso nunca engoli" (PEREIRA e TOSTA, 2000, p. 74).

A constatação de que havia um abismo entre a formação do clero e a realidade pastoral inquietou não somente a Frei Bernardino como a outros frades holandeses. Era necessário atingir as massas, vistas como "ignorantes", bem como ler a realidade sociocultural com a ajuda de outras áreas do saber, como a sociologia. Nesse intuito, fundou-se nos anos cinquenta um curso de pastoral para os religiosos, visando unir o conteúdo adquirido na formação teológica e a análise da realidade brasileira.

Frei Bernardino, nesse período, começou a acompanhar os sindicatos em Divinópolis, os quais, aos poucos, ganhavam força perante o poder político, sobretudo o sindicato dos operários e metalúrgicos, que incentivavam a formação da consciência crítica, tentando abrir o horizonte dos participantes sobre a realidade nacional. Basicamente esse movimento perdurou até o início do Regime Militar, em 1964.

A pastoral rural

Frei Bernardino é conhecido como um teólogo cujas reflexões não nasceram de um gabinete isolado, mas no contato direto com as pessoas simples. Esse encontro lhe trouxe um duplo desafio: colher da realidade rural seus valores e suas imperfeições e, em contrapartida, apresentar-lhes a proposta cristã, enraizada na Igreja ao longo dos séculos.

Ao chegar a Divinópolis, Frei Bernardino deveria compor o quadro de professores do Seminário Maior dos Franciscanos. Pouco depois, começou também a assistência às capelas rurais, juntamente com outros frades. Tal assistência era desempenhada, sobretudo aos fins de semana, uma vez que, nos dias letivos, Frei Bernardino estava voltado para as aulas de teologia moral, sociologia e psicologia, em Divinópolis e em Belo Horizonte. Em geral, o contato dos padres com a zona rural tinha como preocupação fundamental a assistência sacramental.

Divinópolis não é um município grande. Entre o centro e os moradores mais afastados há no máximo trinta quilômetros. Na zona rural, pelos anos 50 e 60, moravam cerca de doze mil pessoas, cerca de 20% da população, sendo que todos os povoados tinham ligação com a cidade, o que fazia que com o termo "afastado" ou "isolado" fosse bastante relativo. As paróquias eram poucas, os padres moravam longe, e somente em 1958 foi desmembrada a nova diocese com sede na cidade. Assistir sacramentalmente a zona rural não era tão aventureiro como na região de Salinas.

De modo geral, a religião nesse período se viu obrigada a unir a dimensão social a sua doutrina, tornando-se líder da mudança social, autônoma do governo, mas sua colaboradora em favor da população mais empobrecida. A Igreja ajudou a criar sindicatos, cooperativas, colônias, programas de saúde, dentre outras iniciativas (cf. BRUNEAU, 1974, p. 148).

Em seu contato com o povo interiorano, Frei Bernardino logo notou que uma presença meramente sacramental não traria as melhorias que aquela população precisava. Seu método se baseou em incluir tais populações – antes acostumadas ao paternalismo político e clerical – e estender a atuação não somente aos aspectos religiosos, mas que abarcasse também as áreas da saúde e da educação.

O início das atividades de Frei Bernardino junto à população rural de Divinópolis se deu como preocupação catequética, vista não como aquisição de conhecimentos religiosos, mas como adesão de fé que abarcasse o homem como um todo. Para o frade holandês, a catequista, em vez de se ver como dona da verdade e reduzir os outros a um rebanho de ignorantes, atrasados, devia reconhecer a autenticidade, a fé experimentada no sofrimento, a boa vontade, a coragem de viver, de esperança incrível (1977, p. 572).

Por se tratar de uma cultura particularizada, soava estranho para Frei Bernardino ter uma maneira pré-definida de transmissão dos conteúdos da fé, sem levar em consideração os destinatários de tal anúncio, e se intrigava: "Não deve ser criado um novo "catecismo" católico que corresponda à situação humana rural atual, forneça uma visão compreensível do mundo e da sociedade em linguagem acessível e oriente para o futuro progresso humano?" (1970, p. 29).

Atuação na Saúde

"É preciso dar mais coisas a este povo da roça por meio da missa, coisas que ele precisa para poder produzir, ter mais saúde, ganhar mais, produzir melhor – recorda o frade. Primeiro, tentamos melhorar o ensino e depois, mais ou menos na mesma época, pensamos: 'esse povo precisa melhorar sua saúde'" (CORGOZINHO, 2010, p. 193).

O referencial teórico de Frei Bernardino para o serviço na zona rural foi inspirado em Paulo Freire (1921-1997), educador brasileiro, de reconhecimento internacional, por insistir que o processo educacional não pode prescindir da realidade dos sujeitos em questão. "Mais ainda, lembra o frade, peguei muita literatura dos Estados Unidos sobre *comunity development*, o desenvolvimento de comunidades, que tinha uma boa organização por lá. Como fazer de uma aldeia uma verdadeira comunidade, e como a gente devia formar lideranças e assim por diante" (PEREIRA e TOSTA, 2000, p. 96).

A sociologia desenvolvida na época apontava para a valorização das comunidades, visando criar um desenvolvimento integral dessas áreas. Um dos nomes que deu fundamentação para o trabalho de Frei Bernardino foi José Arthur Rios (1921-2017), que assim se expressava: "Planejar o desenvolvimento da comunidade é conhecer os problemas locais. O planejamento visa sempre resolver problemas. Para isso é necessário descobrir a comunidade. Esse processo lógico é o próprio encaminhamento da mobilização e coordenação de recursos, seu roteiro natural" (RIOS, 1962, p. 101).

Em Divinópolis, já havia várias organizações civis e religiosas que atuavam junto à zona rural. O melhor a fazer era unir todas essas iniciativas e implementar um trabalho integrado com representantes do Centro de Saúde, da Prefeitura, do Centro de Professores, da ACAR, do CODAR, do

DNERu, da Cooperativa de Leite.[1] A atuação de Frei Bernardino se deu de maneira mais significativa junto ao CODAR, sendo um de seus fundadores e colaborador pelos anos seguintes.

A "equipe rural" era constituída por profissionais voluntários que ajudavam na erradicação da verminose, cuja taxa de incidência superava os 90%: "O esquema do serviço – conta Frei Bernardino – era quase sempre o mesmo: Santa Missa com dirigente que explicava e tirava as orações, cantos, e com prática [homilia] bem plantada nas realidades terrestres; depois uma palestra popular do médico ou seu assistente sobre higiene, alimentação, verminose; em seguida distribuição de vermífugos, fortificantes, BCG, injeções" (1965, p. 118).

Ao técnico sanitário cabia ensinar à população sobre a melhoria da saúde como um todo, a descontaminação da água, a maneira de dispor do lixo, ou das excretas, a falta de higiene na manipulação dos alimentos, do leite, ou da carne.

Com o humor que lhe era típico, Frei Bernardino apelidou estas iniciativas de "missa com injeção": "porque era o jeito de reunir o povo então, por causa da missa, a gente podia colocar uma nova ideologia na cabeça do povo, tentar acabar com a apatia para que ele ficasse mais ativo, mais participativo e mais produtivo na vida comunitária" (PEREIRA e TOSTA, 2000, p. 101).

Ao longo dos anos, a equipe aumentou, organizou-se melhor, podendo contar com doações de medicamentos e material escolar. Educava-se a população para o uso de fossas, filtro de barro e demais práticas de higiene. Os incentivos à equipe rural vieram aos poucos, podendo contar com um número sempre maior de colaboradores, quer de forma individual, ou ligados às instituições, como a Secretaria de Saúde Municipal que doou, em 1965, um Jeep ao centro de saúde local.

[1] ACAR é a Associação de Crédito e Assistência Rural (futura EMATER); CODAR é o Conselho Divinopolitano de Assistência Rural; DNERu é o Departamento Nacional de Endemias Rurais. Para dizer da importância de tais parcerias, o frade inspirou-se na linguagem paulina: "A catequese não pode dizer ao serviço de malária: não preciso de você; nem o Centro de Saúde ou a ACAR podem dizer ao padre: você é supérfluo. Verdade é que a mensagem de Cristo há de salgar todos os serviços sociais humanos. Pois ela não só conhece a atitude de pôr as mãos em procura do Pai do céu, mas abre também a profundeza da dimensão inter-humana". LEERS, Bernardino, "Movimento Rural em Divinópolis", in *Santa Cruz* 30 (1965), p. 76.

Frei Bernadino e o jeep doado pela prefeitura de Divinópolis

A preocupação democrática

O princípio que guiava as iniciativas populares é que era o próprio povo quem deveria tomar as iniciativas nas defesas de seus interesses, sem suscitar dependência às autoridades, quer civis ou eclesiásticas. Foram criados os conselhos comunitários, os quais se reuniam na capela da comunidade, pois todos eram católicos e não havia problemas em conciliar o conselho de pastoral com o comunitário. Um dos objetivos era ensinar democracia ao povo, "porque geralmente, especialmente da parte da Igreja, tudo é imposição de cima. E eu não queria isso, – dizia Frei Bernardino. Queria votação para qualquer coisa de importância. Era o povo local que votava em seus conselhos locais que também funcionavam no culto. O grande problema era que o povo, a maior parte, não sabia escrever. Como vamos votar com o povo analfabeto?" (PEREIRA e TOSTA, 2000, p. 98).

A educação humanizadora e a força da união popular foram as grandes máximas que guiaram o trabalho do frade, que podia confrontar as lições de Moral Social e Sociologia com uma experiência concreta, tornando a teoria da sala de aula uma *práxis* a serviço do desenvolvimento das pessoas. Na grande entrevista concedida no ano 2000, recordava a respeito da união popular: "eles não reconheciam que tinham poder, mas um poder não só particular de cada um, mas um poder da organização de sua própria comunidade, na base de liderança local. Esse povo de fato se mostrou admirável". O desejo era que o povo aprendesse a valorizar suas próprias coisas, deixando de achar que somente o que viesse de fora é que tinha qualidade, como lembra o frade dando exemplo de flores de plástico para enfeitar a igreja. "Flores vocês têm em casa, e muito mais bonitas", mas o que visava era "levar essa gente a assumir que eles mesmos eram capazes de melhorar sua vida. No início, a tal tolerância ativa se refere à própria pessoa que não se aperfeiçoa de um dia para o outro, e em boa parte é, sobretudo, a tolerância de esperar a hora certa para agir e realizar" (PEREIRA e TOSTA, 2000, p. 115).

Tudo exigia respeito pelo tempo das pessoas, que, aos poucos, iam aderindo a uma nova forma de organização, visando o bem de todos, vendo uma Igreja que se interessava por suas questões concretas.

Atuação na Educação

Uma segunda frente, ligada à saúde, foi a de assistência às professoras rurais. Nas roças, tais professoras exerciam uma liderança natural, mas sua formação era precária. Muitas, assim que acabavam a instrução básica, já começavam a lecionar. Para melhorar as condições de vida da população rural, o aspecto educacional não poderia ser deixado à margem, e começou-se então um movimento de formação e interação entre as professoras da cidade e as da zona rural. Aproveitava-se o dia do pagamento para pequenas reuniões a fim de tratar de assuntos específicos da educação na zona rural, com apoio mútuo, troca de experiências, orientação catequética, melhoramento do ensino rural, formação do professorado.

A ACAR programou várias campanhas, dentre elas, a de melhoria no salário do professorado, reforma das escolas, campanha de canecas e outros utensílios, doação de leite em pó e de material escolar. Promoveram-se igualmente vários cursos de formação profissional, dentre os quais o curso para mães (chamados de 'retiros', para que os maridos deixassem as mulheres participarem). Nestes, havia orientações higiênicas e formação da consciência; cursos pedagógicos para a formação de professoras, geralmente nas férias, e que contou certa vez com 107 inscrições; curso de parteiras em parceria com o hospital São João de Deus (prática proibida na época, mas que recebeu mesmo assim o apoio dos profissionais do hospital); cursos diversos para a prevenção ao sarampo, à varíola, hanseníase, às doenças "venéreas", nos quais se formavam agentes multiplicadores (cf. BARBOSA, 2005, p. 57).

Graças à organização do professorado, foi possível aprovar três leis na Câmara Municipal, criando conselhos educacionais para as escolas rurais, criando o cargo de orientadora rural e estabelecendo normas de convênio entre a Prefeitura e o povo local para construção de escolas rurais.

Na atuação de Frei Bernardino junto à zona rural, merecem destaque três veículos por ele utilizados para manter contato com as pessoas. São elas, as cartas às professoras rurais e os boletins rurais publicadas no jornal "A Semana" e os programas na rádio:

Cartas às professoras rurais

Sobretudo na primeira metade da década de sessenta, Frei Bernardino escrevia semanalmente cartas às professoras rurais a fim de manter contato, combinar os assuntos práticos da formação na cidade, as idas à roça. Tais cartas eram enviadas pelos ônibus que partiam para a zona rural e entregues sem problema, uma vez que todas as pessoas eram conhecidas. Nos arquivos pessoais de Frei Bernardino há 65 dessas cartas, escritas entre 1961 e 1967, batidas à máquina e mimeografadas. Os assuntos giravam em torno às iniciativas de saúde, às campanhas de material realizadas na cidade, à necessidade de oficializar o CODAR e a ACAR, à implantação dos programas de Rádio do Governo Federal visando a alfabetização, dentre outros.

A título de ilustração, podem-se ver dois exemplos das preocupações do frade expressas nesses textos. O contexto da primeira carta apresentada aqui é a fundação dos sindicatos na zona rural, incentivado pelo presidente João Goulart (1961-1964), o qual procurou estreitar os laços com os movimentos sindicais. Na carta de 4 de novembro de 1963, Frei Bernardino Leers expõe a proposta do Governo para a população rural, ainda sem saber em que consistiria exatamente:

"O que temos de fazer? Espiar para ver como vai ficar? Eu acho que não. Nós católicos não estamos neste mundo para chupar laranja e caçar mosquitos. Devemos entrar neste mundo para dar testemunho de Cristo, de seu amor e de sua justiça, ajudando uns aos outros, criando por nossa ação e por nosso exemplo um mundo mais habitável para todos. (...) Se o sindicato vai ajudar mesmo, depende dos homens que vão fazer parte dele. (...) Se é gente bem-intencionada e trabalhadora, pode dar um bom arranque ao progresso rural".

A segunda carta recorda às professoras a importância de sua missão, desde o modo de se comportar com os alunos, até no auxílio às famílias perante as mudanças do mundo.

"Todo professor é servente de seus alunos, que devem ser educados para tornar-se gente adulta e madura, capaz de ser dono de seu próprio nariz." E continua dizendo da tarefa do professor em conscientizar a população para determinadas realidades: "o professor tem de ensinar coisas que os pais atrasados dos alunos não aceitam ainda em sua própria casa. Pense, por exemplo, em filtro, privada, plantar horta, usar inseticida, acabar com tabus alimentares e assim mais".

Os Boletins Rurais

Com o título de "Boletim Rural", Frei Bernardino Leers foi o idealizador de um espaço para a comunicação com o povo da zona rural, que durou de junho de 1962 até dezembro de 1968, tendo sido publicados 64 números, todos como suplemento do jornal católico divinopolitano "A Semana". Os assuntos dos boletins foram basicamente os seguintes: catequese; educação social e política; dicas de alimentação e higiene; valorização do que o povo rural tem de próprio e levá-los a se orgulhar disso; notícias breves sobre muitos assuntos que interessavam as comunidades. A maioria desses artigos é assinada por Frei Bernardino; em outros, contou com colaboradores.

Para ter uma ideia das questões tratadas e do estilo do frade, em tais artigos, damos alguns exemplos: ao falar das eleições, Frei Bernardino alerta a população rural: "tempo de eleição dá muito candidato na roça, que toma uma série de atitudes só interessado no voto. Nessa hora, o homem rural não tem coragem de apertar o Sr. Candidato. Ora, é em tempo de eleições que a gente da roça deve abrir a boca e fazer suas exigências para melhorar as estradas, as escolas, enfim. Em tempo de eleições, nosso lema é: não aperte só a mão do Candidato, aperte o homem mesmo" (1 de junho de 1962).[2]

No Boletim número 5, incentivou o povo a pensar no bem da comunidade, independentemente do partido político ou outras ramificações: "Não importa se seu vizinho é de outro partido, se outro povoado vota em pessoa que você não gosta. O jeito é reunir a turma toda dos interessados sem olhar a cor política, discutir decidir, fazer. Vamos trabalhar, então, todos unidos para trazer o progresso verdadeiro à zona rural e garantir a todas as nossas famílias uma vida que satisfaz a gente cristã" (5 de novembro de 1962).

Esses boletins rurais mostram por si mesmos uma maneira especial de fazer catequese: levar a religião ao povo rural, mas também buscar sua salvação terrena. Outra grande característica é o trabalho em conjunto do frade com técnicos de outros setores ligados ao campo. Os boletins serviram igualmente como meio de comunicação e de ligação de todo o povo rural de Divinópolis. Sobretudo, valorizaram o meio ao qual se dirigem, usando a linguagem adaptada e atenta às necessidades locais.

Os Programas de Rádio do CODAR

Nos arquivos pessoais de Frei Bernardino, constam cerca de 180 crônicas de duas laudas cada uma usadas no programa de Rádio do CODAR, que ia ao ar aos domingos, às 9h30m, entre os anos de 1966 e 1972. Tais crônicas têm um linguajar coloquial e, para que pudesse surtir

[2] Boa parte dos Boletins não se conservou. A presente pesquisa baseia-se em um artigo pro-manuscrito de Pedro Pires Bessa, o qual não apresenta o título dos artigos. Indica-se, então, somente o número do Boletim e o ano da publicação.

os efeitos necessários, não eram lidas pelo frade para que seu sotaque estrangeiro não comprometesse o entendimento. As crônicas em geral apresentavam uma questão vinculada à política, externa e interna, ou uma reflexão do evangelho da semana, lendo-o à luz da realidade concreta da população rural.

Para fornecer alguns poucos exemplos de quase duas centenas de programas, sintetiza-se aqui alguns deles: em outubro de 1966, Frei Bernardino usou a metáfora de que seu jipe havia atolado e sem conseguir tirá-lo, buscou ajuda em uma casa vizinha. O dono veio com juntas de bois que então conseguiram liberar o carro. Esse fato foi inspiração para Frei Bernardino falar da situação do povo rural, cuja voz, mesmo gritando, sua voz não é ouvida. "O único caminho que eu conheço é unir a turma toda em um sindicato. Se o jipe está atolado na lama, junte os bois, os amigos, e todos juntos, puxarão seu jipe para fora da enchente" (13.8.1966). Em março de 1972, Frei Bernardino partilhou com os ouvintes o que lera em um trabalho dos estudantes: "A Igreja católica ficou parada para nós, no Brasil, durante quinhentos anos, o que causou um grande atraso para o povo. Agindo por trás da cortina, ela, a Igreja, impediu durante séculos a realização do progresso". O frade, mediante esse pensamento, desenvolve o texto alertando os ouvintes para a não violência, para não se preocuparem com defesas verbais de qualquer tipo:

"A tentação é grande de começar a falar do Concílio, do papa João XXIII ou Paulo VI, ou falar dos bispos do Brasil que declararam isso ou aquilo, mas, com franqueza, também esta tática não me parece muito boa para conversar com os outros. Palavras, mesmo palavras bonitas de Papas, não valem nada por si mesmas. Palavras não produzem nada. Se você fala bem, suas panelas enchem de comida? (...) Se achamos que Igreja não está atrasando o progresso do Brasil, então o jeito é mostrar que nós, a Igreja, nós, o povo de Deus, somos capazes, tão bem como os outros, melhor do que os outros, de tomar iniciativas, fazer coisas, melhorar a vida, trabalhar com maior eficiência, progredir mais em casa e na comunidade (...). Não adianta xingar, o jeito é agir" (8.3.1972).

A desarticulação do Movimento

O golpe militar de 1964 fez com que muitas iniciativas de caráter popular fossem desarticuladas. Sindicatos e tantas outras associações foram vistas com suspeitas, quando não condenadas ao desaparecimento, mediante a perseguição compulsória de seus líderes. Em Divinópolis, o Regime não teve tanta veemência quanto em cidades como Belo Horizonte, porém o assombro gerado por todo o período colaborou para o desmantelamento de muitos grupos. "A formação de líderes rurais foi praticamente bloqueada. Era melhor não falar de sindicalização dos trabalhadores, porque eu já estava marcado, como também Frei Bruno Goettems, como comunistas" (PEREIRA e TOSTA, 2000, p. 101) –, relembra Frei Bernardino. Embora houvesse comentários de que pudesse ser preso, Frei Bernardino não se escondeu ou fugiu. Por fim, nada de mal lhe aconteceu.

Quando os militares começaram a dar sinais de abertura, muitos sindicatos puderam voltar à normalidade. Porém muitos lugares não mais os quiseram receber por medo da acusação de comunismo. O sindicato rural, então, por não ter local para se reunir, foi acolhido junto à capela dos frades franciscanos. "No lugar do altar ficou uma mesa para presidente e líderes. Apesar de ser um tal 'distúrbio da ordem', a sessão foi tranquila, mas as más línguas costumeiras destilaram veneno: comunistas, subversivos etc." (PEREIRA e TOSTA, 2000, p. 102).

Esse período em diante marca o fim de uma era, uma vez que Frei Bernardino passou a trabalhar mais em Belo Horizonte (no Instituto de Filosofia e Teologia e na Faculdade dos Jesuítas) não podendo se dedicar tanto às questões da zona rural como antes. Frei Bernardino continuou a pastoral rural, mas não havia mais as grandes organizações.

Da parte da diocese de Divinópolis, foram nomeados dois padres para a pastoral rural, mas os direcionamentos não eram mais os mesmos. Em um último desabafo a esse respeito, Frei Bernardino relembra: "Depois praticamente fiquei fora. Mas graças aos líderes formados, o sindicato atraiu trabalhadores da região rural toda e cresceu em força. Frei Bernardino praticamente se retirou, porque com a entrada de dois sacerdotes nomeados pelo bispo para a pastoral rural, houve um recuo forte para dentro da Igreja, a mentalidade de antes do Vaticano II, deixando para trás a inspiração de *Gaudium et Spes*" (PEREIRA e TOSTA, 2000, p. 102).

Frei Bernardino Leers, professor de Teologia Moral

Os franciscanos chegaram a Divinópolis em 1924 e se dedicaram, sobretudo, à pastoral paroquial e ao seminário menor. Em 1931 fundaram o seminário maior de filosofia e teologia. Como dissemos, Frei Bernardino começou seu magistério em Divinópolis, no centro franciscano, ainda nos anos cinquenta, onde, juntamente com outros frades, dava formação para os clérigos. No corpo docente, estavam Frei Aloísio Lorsheider (1924-2007), Frei Bruno Gottens (formado em sociologia, em Louvaina), Frei Mateus Hoespers (canonista), Frei Bernardino, entre outros.

Nos anos sessenta começou também a lecionar no Instituto de Filosofia e Teologia da Arquidiocese, em Belo Horizonte. Naquele momento, as inquietações do frade em ver a renovação da moral eram enormes. Os manuais de teologia moral imperavam nas aulas de muitos professores, os quais, mesmo sem preparo, os transmitiam aos alunos.

Os manuais mais usados naquele período eram os de Noldin, Genicot, Arregui, Aertnys-Damen, Merkelbach, Pruemmer, Vermeersch, Tillmann e Leclerc, os dois últimos e poucos outros com impostação mais renovada. "Ao lado deles – relembra Frei Bernardino –, havia um volume de casuística para aplicar os princípios da moral em casos frios e sem alma. Armado com seu manual e suas anotações, o professor ensinava de mão única, sentado em sua cátedra, trinta centímetros acima de seu público, explicando os textos dos manuais. Os estudantes eram o silêncio obsequioso, com maior ou menor atenção escutando as exposições" (1980, p. 121).

Relembrava ainda: "Quando cheguei ao Brasil, em 1951, encontrei o vigário idoso de uma grande paróquia urbana, preocupado com muitas coisas. Era também professor de Teologia Moral no seminário central.

Curioso, perguntei-lhe como dava suas aulas de moral. Respondeu-me: 'quando o chofer me vem buscar, pego Noldin e fico lendo; na aula explico o texto e conto uns casos da prática que a gente tem'. Homem hábil e de boa lábia, deve ter reproduzido bastante bem a doutrina moral do manual, misturando suas exposições com memórias mineiras, geralmente bem saborosas" (1988, p. 279).

O seminário maior dos frades em Divinópolis vigorou até 1968, quando a Província Santa Cruz preferiu unir-se a outros religiosos e fundar um novo Instituto de Filosofia e Teologia, em Belo Horizonte. Frei Bernardino passou então a dividir a semana entre Divinópolis e Belo Horizonte. Nessa época também foi chamado pela CNBB para ser assessor, tendo em vista sua facilidade de se atualizar sobre as publicações da Europa.

A Pedagogia de Frei Bernardino

A prática pastoral de Frei Bernardino junto à população rural lhe despertou para que o método em sala de aula fosse o mais próximo possível da vida diária das pessoas. Sua metodologia sugeria que os assuntos abordados com os estudantes deveriam privilegiar sobremaneira a vivência concreta, e não simplesmente limitar-se a repetir o Magistério ou a Sagrada Escritura. Estes eram inseridos no discurso a fim de clarear o argumento e iluminar as reflexões, mas não eram a única voz a ser ouvida.

Aliás, essa é uma das críticas que fez à Teologia Moral fundamental, ('em sua racionalidade abstrata, posta mais longe da experiência cotidiana da *práxis* moral dos estudantes') ao iniciar seu caminho com uma série de formulações em vez de partir do cotidiano humano. Pelo contrário, "a história da moral – insiste Frei Bernardino – não começou com especulações abstratas, de cunho filosófico medieval ou moderno, sobre norma, pecado, virtude, uma definição de Teologia Moral, mas com a formação antiga de normas sociais, experimentadas na *práxis*" (1988, p. 297).

Como Moralista, Frei Bernardino sugeria que seus colegas na teologia caminhassem sobre "duas pernas": a práxis pastoral e a reflexão elaborada, caso contrário, correriam o risco de "mancar" em sua atuação teológico-pastoral. Ao mesmo tempo, reconhecia que a capacidade de adentrar no universo das pessoas é um desafio constante, quase impossível. Dizia ele: "Se o povo mesmo não assumir a orientação moral de sua fé comum, a melhor normatividade ficará letra morta e a libertação do povo será apenas uma bela utopia do outro mundo. Mas isso supõe que o moralista-comunicador conheça as práticas, virtudes e os defeitos daqueles que serão os realizadores da moral cristã pela própria vida. O conhecimento, porém, da moral genuína do povo não é mais do que fragmentário e bastante superficial, empobrecendo a própria teoria moral ensinada (1988, p. 285).

O contato direto com a realidade das pessoas é um fator inegociável para o desempenho da reflexão da moral cristã, moral esta que surge não de abstrações ideais, mas de situações vividas por homens e mulheres em caminho: "Em vez de falar ao povo ou sobre o povo, a formação moral há de ser com o povo, os pobres ou parte dos pobres, das mulheres, dos casais etc., que não são objetos, mas sujeitos responsáveis de sua 'produção' moral". Parafraseando o escritor inglês Gilbert Keith Chesterton (1874-1936), Frei Bernardino desafiava: "antes de ensinar inglês ao João, deve-se conhecer primeiro o João" (2010, p. 19 e 23).

O frade holandês não renunciou sua dupla função eclesial, a de ser uma presença pastoral junto ao povo pobre do interior e a de refletir a fé, contemplando os passos do Criador no concreto da vida, feita história de Salvação. Segundo ele, um teólogo moralista precisa ao mesmo tempo de livros e de um coração integrado em todo o seu trabalho intelectual. Para perseverar na profissão de moralista – sugere Frei Bernardino –, três forças o sustentarão:

"Um sincero amor convivencial com o povo, especialmente o povo-povão, gente simples, com suas virtudes e seus defeitos, suas histórias, seus jeitos e suas malandragens; a curiosidade de uma criança que, por falta de um passado, não olha para trás, mas de olhos grandes e curiosos olha para frente, a fim de descobrir mundos sempre novos, inventar caminhos e criar aberturas novas para a libertação da humanidade; um espírito de palhaço que, com seu riso, relativiza a seriedade do empreendimento moral, sabe rir de sua própria 'importância' e aprendeu do povo e por própria experiência que Deus escreve reto em linhas tortas e torto em linhas retas" (1987, p. 142).

Amor, criança e palhaço, imagens que apontam um novo modo de conceber a Teologia Moral, não em termos de rigidez da norma absoluta, mas na leveza de peregrinos, em marcha, confiantes na presença atuante de um Deus amoroso e misericordioso.

Em sala de aula, o teólogo holandês buscava a interação com os alunos, a fim de incluí-los no discurso moral, evitando uma postura de professor que discursa e aluno em silêncio, afinal, os próprios estudantes traziam uma experiência moral aprendida desde a infância e confrontada no cotidiano da vida, o que se tornava um rico material para ser trabalhado durante as aulas.

A pedagogia do frade, então, era a de inserir a experiência prática dos estudantes dentro do discurso apresentado, incentivando sempre o diálogo respeitoso de opiniões, de autores diversos, de pensamentos, por vezes contrários e contraditórios. Mesmo que uma opinião divergisse do professor ou da maioria dos alunos, deveria ser respeitada e acolhida, a fim de levar o grupo a adquirir uma visão mais ampla do assunto abordado. "Pela aceitação mútua, o processo da aprendizagem se desenvolve e supera os momentos de discussão em que os ânimos esquentam demais" (1988, p. 299).

Não era necessário que houvesse uma erudição enciclopédica para participar dos debates, mas todos precisavam desenvolver sua consciência moral e, pelos encontros com outros autores, aumentar e aperfeiçoar sua capacidade pessoal de viver e agir diante dos desafios, progressos e fracassos do mundo.

"Importa – segundo Frei Bernardino – o que cada um dos aprendizes da moral pensa, quer, decide e faz mais do que saber o que os outros pensavam, queriam, decidiam e faziam. Pela participação simbiótica com os textos e autores, o estudioso da Teologia Moral ganha autoconfiança suficiente e autonomia de agir, na medida em que criticamente se relaciona com eles, integra os novos conhecimentos em sua vida e toma posição, em vez de cegamente se apoiar na autoridade dos outros" (1988, p. 304).

A fim de problematizar devidamente a questão, por se tratar basicamente de alunos candidatos ao presbiterato, Frei Bernardino fazia com eles uma espécie de "oficina de confissões", em sala de aula, como relembrava: "Para dar um sentido prático ao sacramento da reconciliação, lancei o confessionário experimental: eu bancava o penitente e um estudante era o confessor; os outros podiam rir à vontade" (2010, p. 15).

Nada disso seria possível se não houvesse um clima de liberdade na sala de aula. Para Frei Bernardino, a liberdade como instância sociopolítica e teológica encontrava eco na maneira como a aula era conduzida. Não havia sentido pregar a liberdade em níveis macros, se no ambiente acadêmico houvesse alguma privação. Se as pessoas são chamadas à liberdade, também deveriam ser educadas na liberdade. Segundo o frade, "uma teologia que se chamasse da libertação e que não educasse em liberdade seria uma verdadeira contradição terminológica" (1988, p. 297).

Liberdade e diálogo frutífero constituiriam assim o método utilizado e ao mesmo tempo o próprio conteúdo, uma vez que exercia uma função pedagógica de escuta, compreensão, acolhida da alteridade, mesmo que contrária ao posicionamento vigente. Em sua maneira de entender tal desafio, Frei Bernardino sugeria que "o encontro do ensino há de ser um protótipo de qualquer encontro ou interação pastoral, de modo que nele cresça o poder de se expressar e clarificar as próprias posições, de aceitar os outros em sua alteridade, de aprender deles, tolerar as oposições nos debates, a fim de criar uma maneira de viver em comum, procurando em comum a verdade" (1988, p. 293).

Por não haver uma voz "*ex Cathedra*", mas aprendizes no universo da moral, deveria haver em sala de aula uma constante reciprocidade de consciência, entre professor e aluno, os quais, em mútua colaboração, estariam na tentativa de combinar o serviço ao povo, a lealdade à Igreja e a procura da verdade.

O diálogo entre as diversas ciências

A formação teórica de Frei Bernardino nas áreas de moral, psicologia e sociologia (que fora chamado a lecionar em Divinópolis devido à falta de profissionais da área) serviram-lhe de instrumental para lançar-se nas motivações profundas das pessoas e da organização social, favorecendo seu resgate e desenvolvimento.

O próprio Concílio, ao incentivar a "exposição científica" da Teologia Moral, alimentada pela Sagrada Escritura (*Optatam Totius*, n. 16), dava a entender que uma nova concepção da Moral deveria ser feita não mais com juízos categóricos, por vezes unilaterais, mas levando em consideração a grande riqueza de outras ciências, sobretudo as humanas, a fim de um melhor entendimento da realidade humana.

A partir do Vaticano II, outros teólogos viam no diálogo entre as ciências uma união fecunda para o serviço à humanidade. "A Teologia Moral – dizia Bernard Häring (1912-1998) – tem hoje a necessidade absoluta de recorrer, com audácia, à ajuda da sociologia e da psicologia social. O uso destas ciências supõe, porém, uma distinção muito exata entre os axiomas do direito e os princípios morais da validez absoluta que, uns e outros, devem ser adaptados segundo as exigências da realidade em transformação" (HÄRING, 1968, p. 33).

Diálogo sempre foi uma máxima aplicada por Frei Bernardino e, seguindo a tendência da teologia do momento, dispunha-se a interagir com autores de diversas áreas, a fim de chegarem juntos a um entendimento mais amplo da realidade humana. O desejo de ampliar o círculo de debates fez o frade, inclusive, criticar algumas tendências que encontrara: "No Brasil, estranhei o 'culto' a Maritain, Comte, Kardec, Marx, como se não existissem mais autores. A falta do domínio de línguas e dependência de traduções tardias, em geral, dificultam a formação cultural e crítica das pessoas" (PEREIRA e TOSTA, 2000, p. 50).

A busca de entendimento da realidade brasileira, sobretudo aquela interiorana, recebeu na obra de Frei Bernardino um grande apoio das mais diversas áreas, diversos autores, de vários países. O *humanum* não se deixava abarcar por reflexões superficiais. Mesmo que entre as ciências haja certa discordância, mesmo assim valem suas posições. No desejo de ver as pessoas amadurecidas em seu processo de fé, dispostas ao engajamento social, Frei Bernardino pôde contar com muitas vozes, no interior da teologia e na colaboração de outras áreas do saber.

A visita da irmã morte corporal

Nos últimos anos, Frei Bernardino viu sua saúde se deteriorar sempre mais. Em seus últimos dez anos começou com sérias dificuldades de visão, sendo possível ler somente graças a um aparelho que lhe aumentava muito as letras. Usava igualmente uma sonda na bexiga, além de problemas de pulmão e de pele. A memória, porém, permaneceu inabalada, sendo possível ao frade manter-se atualizado sobre os assuntos da Igreja e do mundo.

Em seus dois últimos anos tinha deixado seu quarto e transferindo-se para a enfermaria do convento, em Divinópolis, a fim de receber cuidados mais específicos. Tudo fora devidamente feito, recebendo toda sorte de medicação e cuidados, o que certamente lhe deu uma sobrevida de qualidade. Porém no dia 3 de junho de 2011 teve de ser levado ao hospital Santa Mônica, devido a uma infecção urinária. Após ter passado a noite bem, às duas da manhã sofreu duas paradas cardíacas inesperadas, que lhe ceifaram a vida. Faleceu dia 4 de junho de 2011, aos 91 anos de idade.

IV

UMA EVANGELIZAÇÃO EM CHAVE DIALOGAL

Pressupostos Teológicos de aproximação

Todas as iniciativas de Frei Bernardino junto à zona rural devem ser consideradas à luz de uma espiritualidade encarnada. Em nenhum momento se tratou de um projeto que considerasse a experiência de Deus e as orientações eclesiais como um fator secundário. Antes, consciente da atuação de Deus na história humana e na contribuição de cada pessoa na visibilidade do Reino – já presente, embora ainda não em toda a sua plenitude –, o frade holandês convenceu-se de que o engajamento pela realidade humana era dedicar-se às coisas do Céu.

Essa fé de que tudo caminha rumo à Escatologia Final foi a grande inspiração de Frei Bernardino em todos os seus esforços. Dizia ele: "é necessário dar sempre uma atenção muito grande à vida concreta dos homens; é necessário ter uma fé de que Deus atua na vida e na história dos homens; existe uma necessidade de uma experiência comunitária do Deus que ressuscita os homens em Jesus Cristo. Sem esse último contexto comunitário de ressurreição, o anúncio pode fracassar por falta de apoio e de sentido" (1975, p. 542).

Para o frade, a concretude da vida e o Juízo Final de Deus estão intimamente ligados. Assim, desde a criação até a consumação do Reino a presença Salvífica do Deus Trindade se faz perceber. Deus "trabalha mais pacientemente com as pessoas concretas que são seus filhos e suas filhas, uma por uma, acompanhando pessoalmente cada uma conforme vive em seu contexto sociocultural e participa do dinamismo do universo em caminho para o Criador e Juiz final" (1996, p. 238).

Porém, embora haja o sonho de Deus da vida em abundância para seus filhos, em níveis concretos muitas vezes isso não se observa, o que levou o teólogo a se questionar: "quando o público rural das igrejas, capelas e festas vivenciará sua linhagem de filhos de Deus, seu sacerdócio régio e seu testemunho responsável de cristãos? De fato, o andor destes santos vai muito devagar e encontra ainda muita resistência do passado ainda ativo" (2004, p. 143).

A salvação oferecida por Deus deve ser experimentada pelas pessoas, caso contrário seria meramente uma teoria romântica, mas não verificável: "todos precisam viver o mistério da Salvação em Cristo e colaborar com Deus neste mundo em que o visível e o invisível se entretecem pela fé. Nas circunstâncias concretas de cada um, este povo de Deus, que é a Igreja, há de progredir para sua missão de libertar os irmãos e construir a 'cidade terrestre' no ambiente em que vivem" (2004, p. 145).

Evangelizar então, na prática, transformava-se em exercício de humanização. Teologia e antropologia se uniram para concretizar a encarnação do Filho de Deus. Na Igreja do Brasil, dessa forma, cresceu nesse período, das décadas de 50 e 60, a mentalidade de que "não tinha sentido somente evangelizar, ou influenciar o homem enquanto ele não tivesse condições de ser homem. Isto é, quando tantas pessoas vivem em condições infra-humanas, a primeira tarefa é a de mudar as estruturas de modo a melhorar as condições humanas. Só então, durante o processo de mudança, poderão elas ser influenciadas em um sentido religioso mais limitado" (BRUNEAU, 1974, p. 151).

Todos esses pensamentos ganharam ainda maior fôlego a partir do Concílio, sobretudo aqueles concernentes à "Igreja povo de Deus" em *Lumen Gentium* (n. 9-17), e a autonomia das realidades terrestres de *Gaudium et Spes* (n. 36). Três encíclicas inspiraram muito Frei Bernardino nesse período: *Mater et Magistra* (1961), *Pacem in Terris* (1963) e *Populorum Progressio* (1967), dedicando-se inclusive a comentá-las em linguagem popular em um jornal de Divinópolis.

Mais perto de nós, lembramos as intuições do papa Francisco, as quais Frei Bernardino não alcançou ao propor as reflexões a respeito da sinodalidade na Igreja, convidando todos os fiéis à comunhão e à participação plena, como Povo de Deus a caminho. Como motivação ao Sínodo a ser realizado a esse respeito, a Comissão Teológica Internacional assim motivou: "A sinodalidade exprime o ser sujeito de toda Igreja e de todos na Igreja. Os fiéis são σύνοδοι (*Sinodoi*), companheiros de caminho, chamados a ser sujeitos ativos enquanto partícipes do único sacerdócio de Cristo e destinatários dos diversos carismas comunicados pelo Espírito Santo em vista do bem comum. A vida sinodal testemunha uma Igreja constituída por sujeitos livres e diversos, unidos entre si em comunhão, que se manifesta de forma dinâmica como um só sujeito comunitário, o qual, apoiando-se sobre a pedra angular, que é Cristo, e sobre as colunas, que são os Apóstolos, é edificado como tantas pedras vivas em uma "casa espiritual" (1Pd 2,5), "morada de Deus no Espírito" (Ef 2,22). Todos os fiéis são chamados a testemunhar e anunciar a Palavra de verdade e de vida, enquanto são membros do povo de Deus profético, sacerdotal e régio em virtude do Batismo" (Comissão Teológica Internacional, A Sinodalidade na vida e na missão da Igreja, 2021, n. 55 e 56).

Critério fundamental: adentrar-se em uma realidade concreta

O espanto e a curiosidade ao aventurar-se por um universo humano completamente desconhecido fizeram com que toda a produção teológico-moral de Frei Bernardino se visse na necessidade de levar em consideração uma população concreta, mesmo que esta não se encaixasse nos moldes que ele trouxera em sua bagagem europeia.

As prioridades de Frei Bernardino, antes de apresentar qualquer conteúdo àquela gente era entrar em sua cultura, como disse mais tarde: "seja qual for o planejamento pastoral, feito nos gabinetes dos entendidos, a primeira condição prática é conhecer as pessoas. Saber seus nomes, suas relações sociais, seus desejos e suas necessidades, a estrutura de sua convivência, seus costumes e opiniões, também na área de sua religiosidade e atitudes morais" (2004, p. 141).

Adentrar no universo das pessoas requer, de quem chega à abertura dialogal para o novo, buscar perceber as situações como são internamente vividas pelo grupo em questão, não em uma análise superficial, apressada. "Esta penetração precisa ser completada pela 'empatia' que se coloca, por assim dizer, do lado do próprio homem campesino e procura compreender, de dentro, a significação que o povo rural mesmo dá ao mundo em que vive. Na sensibilidade para com sentido das coisas e dos homens, os fatos isolados encontram seu contexto pessoal e coletivo e reúnem-se no conjunto de uma totalidade significativa, como as peças de um quebra-cabeça. É essa totalidade que se pode chamar 'o mundo vivido do povo rural'" (1970, p. 19).

No diálogo moral – que parte não de verdades pré-definidas, mas da vivência das pessoas – poderão surgir dificuldade frequentemente de entendimento mútuo. E confessava Frei Bernardino: "Como é difícil entender o outro, chegar a certo consenso e encontrar formas práticas de colaboração eficiente. Quanto mais prementes são os problemas reais do povo e quanto maiores a injustiça e a desonestidade social, tanto mais importa a eficiência das medidas, sem as quais, por melhores que sejam, os debates não passam de pirotecnia verbal" (1991, p. 302).

A análise isolada do fenômeno religioso sem conceber todo o conjunto de representações a sua volta resultará em algo limitado e sem profundidade. Para Frei Bernardino, o objetivo de toda essa análise é mostrar que a religião não existe sem outros valores culturais. Ela sempre está envolvida por determinadas estruturas sociais e condicionada por situações econômicas e materiais da vida. Uma interpretação espiritual do mundo rural seria tão unilateral quanto uma explicação materialista. "Entretanto, tomando a religiosidade rural como ponto de partida, ela parece possuir uma força operativa que, com sua 'ideologia', valores e normas, ajudou a criar certa união integrada e certo equilíbrio em todo o mundo complexo do povo rural" (1970, p. 25).

Um Eterno Aprendiz

A humildade missionária ao se aproximar de uma realidade cultural é fundamental na produção teológica de Frei Bernardino. Toda a gama de situações que contribuiu para que as populações hoje se comportassem de determinada maneira não pode jamais ser negligenciada. Antes, caberá a quem chega à consciência de um aprendizado, de uma escuta sincera.

A título de ilustração, é possível perceber como a palavra "aprendiz" foi importante para a teologia de Frei Bernardino. Na primeira citação, o autor identifica a atividade dos catequistas como um lugar de aprendizado mútuo: "O que menos convence e constitui arte mais difícil a praticar é a autocrítica que nega seu próprio '*establishment*' e sai, cada vez de novo, do ponto em que chegou, porque ainda não atingiu o fim, esquece o que fica para trás e corre para frente, conforme o simbolismo que são Paulo usou da vitalidade cristã. O catequista é um aprendiz" (1977, p. 572). Em seguida, aplica a mesma categoria aos religiosos, em sua missão com o povo rural: "diante das diferenças de experiência e estilo de vida entre zonas urbanas e zonas rurais, testemunhar o evangelho supõe nos religiosos que vão conviver com o povo do interior a modéstia do aprendiz" (2004, p. 141).

No DVD lançado pela Província Santa Cruz (franciscanos de Minas Gerais), por ocasião de seus 90 anos, ele generaliza a mesma concepção: "Quem não fica aprendiz envelhece antes do tempo".[1]

A fé perante um mundo em mudanças

As opiniões referentes às novidades que se descortinavam no mundo e na Igreja não foram unânimes, como era de se esperar. Entre a hipnose apaixonante do progresso e a desconfiança pelas novas possibilidades, o mundo rural se viu ameaçado em seus alicerces, o que inclusive continua ainda hoje, em um ritmo capaz de descaracterizar todo o modo de vida rural. Os conflitos familiares se deram inevitavelmente. "O aluno do grupo pode apanhar em casa, porque se negou a beber água do córrego sem filtrar, o filho mais velho pode manipular seu pai com muita diplomacia e paciência na direção da compra de um touro de sangue puro ou da construção de um paiol de tela. De qualquer maneira, o esquema tradicional da descendência autoritária do

[1] PROVÍNCIA SANTA CRUZ, *Frei Bernardino, ofm: vida e obra*, filmado e editado por Fernando e Rosana Laudares, Província Santa Cruz, Divinópolis 2009.

pai sobre os filhos e netos começa a esvaziar-se. Os próprios pais se sentem inseguros e com medo de ficarem 'pra trás'" (1970, p. 23).

Tais mudanças, segundo Frei Bernardino, "devem pôr em xeque todo o quadro da cultura integrada tradicional e levar, de conflito em conflito, para a interrogação fundamental da própria vida e do próprio mundo humano, em que mundivisão, código de valores, normas e religiosidade são envolvidos com a mesma necessidade inevitável com que a cana é puxada para dentro das rodas do moinho" (1970, p. 29).

Em termos religiosos, toda a explicação teocêntrica começou igualmente a ruir, pois já não era necessário remeter aos Céus todas as causas e todos os efeitos. "O baldaquino celeste e o código moral com que o povo rural aprendeu a equilibrar na vida, muitas vezes dura, supunham um sistema familiar e social e uma estrutura de poder que hoje em dia estão parcialmente ultrapassados ou em mudança, repercutindo na própria religião e moral estabelecidos" (1977, p. 568).

Posições extremas seriam as atitudes menos adequadas a serem defendidas. Antes, o momento exigia lucidez perante a reorganização da vida. O progresso era bem-vindo, uma vez que propiciaria uma qualidade de vida muito melhor que o modelo antigo, porém novas questões de ordem política e social também se apresentavam. Agora havia novos problemas, como "a exploração de trabalhadores rurais com suas famílias, de posseiros expulsos, de minifúndios, de frustração diante do desequilíbrio entre as ofertas sedutoras do mercado e o próprio poder aquisitivo, de marginalização política, de subnutrição crônica, de falta de recursos para consultar um médico, um dentista, de novo estilo de namorar, de comportamento da mulher, de formação escolar dos filhos, de terra para trabalhar" (1970, p. 568).

O discernimento a partir da fé deu a Frei Bernardino a sobriedade de reconhecer as vantagens e os prejuízos de todas as transformações que iam ocorrendo. Em nenhum momento se mostrou reacionário ou histérico, apenas contemplava sob o ponto de vista da fé cristã um mundo até então desconhecido no universo rural. "Neste momento histórico – dizia ele –, a Igreja há de mostrar ao homem rural, a capacidade de orientá-lo na transição arriscada para a nova civilização. Sua corajosa ética do progresso deve abrir os olhos para com o valor cristão do trabalho produtivo, saúde, alimentação, formação profissional, propriedade e distribuição equitativa dos bens terrestres, colaboração comunitária etc." (1965, p. 75).

Para melhorar a situação de vida, faz-se necessário combinar a espera cristã com a tolerância. Toda a esperança que os cristãos depositam no amanhã, no fundo, é espera. "É ainda não agora. Tolerando por agora a situação, nem de longe ideal, trabalha-se pacientemente em direção do que se espera alcançar mais tarde. A tolerância não é passivamente esperar Godot, mas realizar, com a força que Deus dá, o que a esperança propõe, mas não virá tão cedo" (PEREIRA e TOSTA, 2000, p. 116).[2]

Frei Bernardino, em meio a essa avalanche do progresso, soube ver a presença amorosa e atuante de Deus, promotor da vida, propulsor de uma humanidade nova. "Na voz do tempo fala a voz de Deus. A transformação da vida rural é um convite, um apelo insistente à Igreja para renovar-se e agir corajosamente. (...) Na realidade, porém, está funcionando o misterioso desígnio da vontade divina de reunir em Cristo todas as coisas, as que estão nos céus e as que estão na terra (Ef 1,9s)" (1966, p. 342).

Alguns desafios da evangelização rural

Por toda a sua atuação e dezenas de escritos a respeito da evangelização no mundo rural, é possível observar na obra de Frei Bernardino quatro desafios recorrentes: a espiritualização da mensagem evangélica, o monopólio da palavra, o assistencialismo e a apatia pelo modelo popular.

O risco da espiritualização

No primeiro caso, Frei Bernardino diz da contradição que é para a fé cristã valorizar a vida e as conquistas humanas, mas protelá-las somente para após a morte. Segundo ele, um exclusivismo pelas realidades "espirituais" em detrimento das questões "terrenas", "seria uma contradição interna dentro do cristianismo, pois louvaria teoricamente todas as criaturas

[2] Referência à peça de Samuel Beckett (1906-1989), Procurando Godot, de 1952.

e todos os dons de Deus, mas na prática os deixaria perecer. Criaria uma religiosidade espiritualista que aliena o homem rural do mundo em que está incorporado, exatamente na hora decisiva perante o novo mundo que está para nascer" (1965, p. 76). Pelo contrário, para o teólogo, "testemunhar o evangelho não é reduzir sua visão ao céu, ao espiritual, à santidade fora da realidade do mundo terrestre de cada dia, mas abrange o homem todo e todos os homens que vivem, labutam, sofrem nesta terra e procuram criar ou deviam lutar por maior humanização da sociedade na mãe-terra" (2004, p. 147).

Nessa visão integral, entre as realidades espirituais e terrestres, com tudo o que as compõem, Frei Bernardino faz uma leitura teológica, vendo a Boa Notícia Cristã como anúncio concreto a determinada situação. "O homem todo é valor. Toda a constelação que os homens mantêm, em que vivem, mandam, sofrem, de que participam ou em que estão marginalizados, interessa; pouco importa se seu nome é economia, cultura, política ou religião. Não há limites para o processo da libertação que Cristo começou por sua vida e ressurreição da morte" (1977, p. 551).

As grandes alegrias e penares das camadas populares se dão nas coisas corriqueiras da vida, e será justamente ali que a presença de Deus será mais bem reconhecida, não em esperanças abstratas. Como lembra o Frade, "o povo pobre da zona rural, dos subúrbios, costuma estar com dois pés no chão duro da realidade. Por isso não estranha a presença de Deus nas coisas mais humanas e terrestres" (1980, p. 547).

Ao reconhecer as agruras da população rural, a Igreja não pode abandoná-la, mas ser-lhe presença que apoia e incentiva. "Não é necessária muita experiência da vida rural para saber que o atraso do campo é como um poço lamacento do qual o povo não se pode libertar sem o auxílio de fora. Um estudo objetivo da realidade rural leva à tona também muita qualidade boa, muito talento escondido e muito material inaproveitado. Mas esperar que o povo rural sozinho possa alcançar um nível digno de vida e o lugar que merece na sociedade é fé em milagres que nunca se realizam. O homem rural precisa de assistência" (1965, p. 95).

Reduzir os leigos ao silêncio

O outro grande desafio para a ação evangelizadora é conferir a todos os envolvidos no debate o direito à palavra. A história da Igreja, no entanto, mostra diversos momentos em que os leigos foram reduzidos a ouvintes passivos, mesmo sendo a esmagadora maioria dos cristãos. "O cristão era ouvinte sem ouvido; calava a boca sem poder falar; tinha consciência moral dependente que procurava a liberdade no jeito. Agora, a própria autoridade está envolvida em processo de autolibertação, para encontrar formas de comunhão que criem abertura e estimulem o diálogo e a participação dos próprios agentes católicos que hão de praticar as orientações e diretivas. Esse ideal não se realizará enquanto a seleção dos participantes ficar monólogo da autoridade, querendo apenas ouvir o eco de sua própria voz" (1988, p. 302).

Além de ser o único a poder falar, o clero ainda se expressava com palavras incompreensíveis ao povo simples, que em seu complexo de inferioridade há muito construído, sente-se ainda mais excluído do diálogo. Porém "a precariedade da comunicação verbal não incomoda muito ao povo comum e pobre; com seu complexo de ignorante e atrasado, está acostumado a não entender a fala macia do Senhor Doutor" (1975, p. 550).

Para o teólogo holandês, essa situação só poderá ser restabelecida dignamente quando o camponês puder dizer de sua própria vida, com tudo o que a envolve. Do contrário, "será difícil evitar a manipulação e criar uma linguagem que corresponda à vivência da fé do povo do campo, que lhe ressoe no coração e estimule-o a vencer os obstáculos que o medo, o desânimo, o fatalismo, o sofrimento, a morte interpõem à realização da bondade alegre da Boa-Nova na vida prática pessoal e social" (1975, p. 551).

Paulo Freire, em sua obra clássica "Pedagogia do Oprimido", diz que não é no silêncio que os homens se fazem, mas na palavra, no trabalho, na ação-reflexão. Dizer a palavra, então, não pode ser privilégio de alguns homens, mas direito de todos, o que torna impossível o diálogo entre os que querem "a pronúncia" do mundo e os que não a querem. Não há diálogo, segundo o educador, sem um profundo amor ao mundo e aos homens (cf. FREIRE, 1983, p. 92-93).

Em tempos de rápidas mudanças, em que parece prevalecer um "salve-se quem puder", incluída a ordem moral, é fundamental estabelecer diálogo entre as pessoas, entre as instituições. "Sem abertura dialogal entre os católicos leigos e as autoridades eclesiásticas – diz Frei Bernardino – é difícil orientar-se com fidelidade ao evangelho na pluralidade do Brasil novo, mercado livre das ideias e posições mais contraditórias, defendidas e propagadas com paixão" (1988, p. 295).

Para que esse diálogo seja possível e mesmo frutuoso, a antropologia teológica deve apontar sempre para uma valorização adequada da pessoa. "O homem do campo é pessoa humana, criado à semelhança de Deus, congregado na Igreja e situado nas condições concretas do campo. Ele reza com as mãos, pensa com os pés, ama com a cabeça, trabalha com o coração, porque é sempre o homem todo que se externa e se comunica. Faz suas orações, pega na enxada, cria os filhos, conversa no botequim, mas é sempre o mesmo homem" (1965, p. 75).

Em suas lembranças, Frei Bernardino recorda tristes exemplos da parte de párocos ansiosos por mudanças: "conheço párocos que foram nomeados e em um dia já estavam mudando as coisas. Então, evidentemente, o povo faz o quê? O povo conquista sua estabilidade por si mesmo. Só que hoje em dia não há estabilidade nenhuma. (...) Nós devíamos colocar a questão calmamente na mesa, abertamente, e discutir com aqueles que são os agentes da moral, os fiéis" (PEREIRA e TOSTA, 2000, p. 127).

No campo moral, o frade também alerta para certa disparidade entre o nível teórico e prático: "Autoridades e teólogos moralistas costumam orientar teoricamente e instruir seu público, indicando caminhos de salvação. Entretanto, quem caminha de fato e experimenta a realidade da caminhada da vida é a multidão cristã dos dois gêneros. Por que não assumir tanta experiência moral feita na reflexão teológica moral criando amplo espaço de colaboração dos praticantes cristãos? A práxis dos cristãos que procuram seguir os passos de Cristo Jesus não contribui para a santificação da Igreja mais que um manual de teologia moral?" (2007, p. 124-125).

A evangelização, dessa forma, se quiser ser eficaz, não poderá ignorar a integralidade do ser humano. "Em diálogo com a situação concreta, seu comportamento e suas atitudes não são um mosaico de pedras ou como compartimentos estanques. Sua religião, sua filosofia de vida, saúde, trabalho, convivência social, situação econômica, nível de cultura não são fios isolados, mas compenetram-se e constituem valores, quiçá, subnutridos, que hão de desenvolver-se em harmonioso equilíbrio, conforme a medida de Cristo" (1965, p. 75).

Como alternativa ao silêncio muitas vezes imposto, pode-se reconhecer mais uma vez o valor da religiosidade popular em possibilitar um pleno exercício da religião, em uma dinâmica circular, de dança, festa, lamentações, em que as preces são dirigidas a Deus e à comunidade, fazendo comunicação significativa, onde a vida e tudo aquilo que a compõe são postos em comum.

O paternalismo para com o povo simples

O terceiro desafio que Frei Bernardino apresenta em suas obras é o paternalismo do clero ou "dos grandes da sociedade" para com a gente simples. Um paternalismo que deixa o outro permanecer dependente, como criança à espera do Natal, incapaz de despertar a ajuda mútua.

Em vários lugares, religiosos estrangeiros teceram sozinhos belas construções, iniciaram grandes projetos com dinheiro vindo de seu país de origem que, infelizmente, por melhor que tenha sido a intenção, deixou o povo completamente à margem das iniciativas e afetou até mesmo o senso de pertença para com tais empreendimentos. Muitos projetos, políticos ou da Igreja, são feitos "para o povo", sem envolver ativamente os primeiros interessados no processo. O resultado é quase sempre o fracasso total das iniciativas.

Segundo Frei Bernardino, um acolhimento sadio para com as pessoas simples tirará o cheiro de gabinete dos planos e estimulará a eficiência funcional das obras a realizar em prol da promoção humana do povo do campo. E prossegue: "testemunhar o evangelho na zona rural não é fazer o jogo de Papai-Noel para o povo-público, mas com o povo de Deus que até hoje dá seu testemunho de vida humana e evangélica, por mais primitiva que seja" (2004, p. 149).

O reconhecimento da realidade do outro, como algo não simplesmente passivo, mas do qual também se tem muito a aprender é uma chave fundamental para evitar o paternalismo: "por esta troca de experiências e na comunhão da fé vivida, evita-se o paternalismo do rico dar esmola de teoria ao pobre coitado, ignorante de pai e mãe, e volta para o lado do agente pastoral a tarefa de cultivar sua sensibilidade para com o povo campesino" (1975, p. 551).

O grande anseio é que todos alcancem a maturidade cristã, sejam homens e mulheres adultos em sua adesão de fé e compromisso pelas dimensões da sociedade, do contrário, criará eternos dependentes. "A esfera de liberdade e abertura, em que diálogo e crítica são mais do que palavras enganadoras e vazias, porque são exercidas e praticadas, não é capaz de substituir a autoridade, mas ajuda muito o relacionamento entre a liderança e os liderados a caminho de se tornarem, por sua vez, líderes em seus próprios núcleos de ação e vida" (1977, p. 564).

A apatia pelo modelo popular

Por fim, algo talvez ainda mais grave: a apatia pelo popular, que leva o clero, incluindo a Vida Religiosa, a se isolar, em certa "assepsia social". Em um primeiro momento, tal mentalidade faz supor que além das práticas da religiosidade popular haja outro modelo, "outro catolicismo, erudito, ortodoxo, praticado pelo não povo, mansamente superior ao primeiro, sem desfigurações, puro e incontaminado. Tal suposição equivocada – lembra Frei Bernardino – vinga-se de modo especial em contato com a vida religiosa, que, por sua vez, leva ainda às vezes os vestígios de estado superior de vida cristã e estado mais perfeito, apesar da reinterpretação do Vaticano II" (1980, p. 542).

A convivência direta com o povo acaba por desmascarar muitos religiosos que sofrem de certa aversão social, mesmo que sob a capa da perfeição evangélica, passam burguesamente bem, sem muitas preocupações para com os graves problemas e humilhações do povo e usam os outros para ganhar méritos e ajuntar créditos na "contabilidade celeste". Assim, o encontro entre o religioso e o povo constitui um lugar privilegiado de conversão evangélica para ambos (cf. 1980, p. 548).

Ligado a isso está o que Frei Bernardino chama de "libido de poder", uma vez que, "na sociedade, o clero e os religiosos obtiveram um *status* mais importante do que o povo comum. Receberam tratamento privilegiado nas repartições públicas, na assistência médica; eram respeitados pelos 'menores'; tinham influência e poder, até dispensa em multas e isenção de impostos, lugar de honra em reuniões; eram cercados por administradores e bajuladores; inspiraram medo e piadas que eram só contadas longe deles" (2004, p. 142).

Haverá no processo evangelizador também espaço para as correções que forem oportunas. Caso contrário, poder-se-ia pensar romanticamente que todas as iniciativas e todos os costumes populares são bons em si. O discernimento não impositivo do evangelizador saberá a hora e o modo de intervir sobre a realidade, possibilitando sua potencialização, a qual virá na medida em que se aproximar do projeto humanizador de Jesus de Nazaré.

Um parágrafo de Frei Bernardino parece resumir suas ideias a este respeito: "O processo de evangelização supõe da parte do agente uma abertura contínua e vontade permanente de escuta para com o povo e para com os vários agentes de mudança que operam em outras áreas do campesino. Além da curiosidade despertada na primeira hora, esta atitude exige uma elasticidade juvenil de corrigir, completar, remodelar e talvez revolucionar suas impressões originais e de rever suas ideias e programas em função do papel de aluno que o evangelizador também tem diante do povo ao qual está servindo (1975, p. 549).

"Na América Latina, por exemplo, o clericalismo é muito forte, muito marcado. Os leigos não sabem o que fazer, se não perguntam ao sacerdote... É muito forte. Por isso a consciencialização do papel dos leigos na América Latina está muito atrasada. Salvou-se um pouco disto unicamente na piedade popular: porque o protagonista é o povo e o povo fez as coisas como calhava; e aos sacerdotes, este aspeto não interessava muito, e havia quem não encarava de bom grado este fenômeno da piedade popular. Mas o clericalismo é uma atitude negativa. E é cúmplice, porque se realiza a dois, como o tango, que se dança a dois... Ou seja: o sacerdote que deseja clericalizar o leigo, a leiga, o religioso e a religiosa, o leigo que pede por favor para ser clericalizado, porque é mais cômodo" (FRANCISCO, diálogo do papa Francisco com as participantes na plenária da União Internacional das Superioras-Gerais – UISG. 12.6.16).

V

A PRODUÇÃO TEOLÓGICO--MORAL DE FREI BERNARDINO

Moral Renovada: Teologia e Pastoral

O fato de Frei Bernardino ter tido contato tanto com o mundo acadêmico e o povo simples do interior deu-lhe uma visão bastante peculiar em seu pensar teológico. Os dois ambientes para o teólogo não eram contraditórios, mas se complementavam e permitiam à teologia o acesso concreto aos homens e às mulheres. Estes, por sua vez, recebiam a riqueza cristã em sua doutrina de conversão, compromisso, amor e misericórdia.

Unir a reflexão teológica e a prática pastoral foi e continua sendo um belo desafio para os cristãos em sua caminhada de discípulos do Mestre de Nazaré. Estas "duas pernas" (teologia e pastoral) – como o frade dizia – fariam a Moral se tornar pedagoga, fazendo caminho com os peregrinos. Para Frei Bernardino, "o teólogo moralista é pedagogo; se quiser, catequista. Ele se coloca criticamente na tradução viva, bíblica e eclesiástica, porém a finalidade de sua profissão não é apenas sua própria formação, mas também ensinar o Povo de Deus e outros" (2010, p. 23).

Fazer teologia a partir de rostos concretos possibilita entender a gênesis da moral, assentada na experiência humana, em vista de um valor que convida a algo mais. "A renovação da Teologia Moral não pode ser entendida como uma *creatio ex nihilo* nem como um simples sopro de um espírito supra-humano, mas deixa-se interpretar como ação de homens e ao mesmo tempo como reação ao que estes homens receberam de ensinamentos" (1970, p. 9).

Uma Moral de caminhantes aponta a um só tempo para o grande chamado de Deus e a provisoriedade das experiências humanas. Pensar, dessa forma, a renovação da moral é dar-se conta de que a conversão não se dará de uma hora para sempre, como alerta Frei Bernardino: "O ressentimento na construção da moral é tão perigoso quanto é triste a estagnação depois de um início de esperança. A história humana viva não conhece reformas que se estandardizam em uma parada perpétua e perpetuamente acertada. Por isso as tentativas de reformar a moral cristã não podem pretender ser um novo ovo de Colombo que finalmente resolve tudo de uma vez pra sempre. São tentativas caracterizadas pelo provisório – característica, aliás, que a doutrina moral nunca perderá durante toda a sua existência terrestre" (1970, p. 10).

Na passagem do modelo baseado na Casuística para as novas propostas da Teologia Moral, muitos moralistas foram percebendo a necessidade de religar a reflexão específica aos dados da Teologia Dogmática e das ciências bíblicas, a fim de garantir a autenticidade na orientação que querem dar à vida cristã no mundo atual. Dessa forma, a ajuda prestada pelas ciências humanas, especialmente pela psicologia, sociologia e antropologia modernas, contribuiu positivamente no processo da remodelação da doutrina moral cristã (1970, p. 22).

O desafio perene dos cristãos é reconhecer a presença e atuação do Senhor Deus no cotidiano da história, sobretudo no mais íntimo do humano –, o que na linguagem moral é chamado de "consciência", e que as Sagradas Escrituras identificam com o coração.

Esse diálogo íntimo com o Senhor "torna a moral cristã expressão eminente de responsabilidade madura e forma de atuação de dentro para fora, da intimidade da existência vivida na fé esperançosa para a ação que constrói a sociedade humana e liberta o mundo do cativeiro da corrupção. E a grande força do Espírito vivifica e fecunda este processo e esta tarefa de progressiva ressurreição neste mundo é a caridade, pela prática sincera da qual a humanidade crescerá em todos os sentidos naquele que é a cabeça, Cristo, até chegar a sua plena edificação (cf. Ef 4,15s)" (1970, p. 23).

A renovação da Teologia Moral deve ter em mente a realidade humana assim como se dá com seu crescimento. "A pessoa humana não nasce perfeita, mas criança que, pelo processo da educação, se vai personalizando, socializando-se e situando-se no mundo". Ao pôr então a pessoa no centro, como agente da moral, evidencia-se que: "O problema não se limita ao grau de responsabilidade dos atos, um por um, mas implica todo o processo do homem que, conforme um simbolismo de são Paulo, começa quando escravizado sob os elementos do mundo e progressivamente se liberta e avança para seu estado maduro de cristão perfeito" (1970, p. 48).

A exigência da vocação cristã mediante a lei de Cristo "permanece colocada, como ideal constante, no cume da montanha, mas a escalada que o cristão de fato segue na ascensão deixa sempre o gosto da insuficiência abaixo da medida" (1970, p. 48).

Os Escritos de Frei Bernardino

Os escritos de Frei Bernardino podem ser divididos em três grandes momentos. O primeiro vai da segunda metade da década de 1950 até o final dos anos 60 (ligado à pastoral rural); o segundo, dos anos 70 aos anos 90 (escritos de diversas áreas da Moral); o terceiro, daí em diante, com temas mais específicos, como a homossexualidade. Basicamente, na primeira fase o teólogo mais ouviu que escreveu. Fazia experiência da escuta, da inserção na realidade, do empenho concreto.

Seus escritos, por sua vez, não obedecem friamente a essa divisão, mas em uma esquematização didática é possível elencar sua contribuição do seguinte modo:

Primeira fase: escritos sobre a realidade rural

Ao se referir à realidade rural, Frei Bernardino teve dois objetivos: apresentar para o público externo os frutos de suas descobertas; e para as pessoas da zona rural, por sua vez, teve um objetivo catequético, apresentando as propostas cristãs de um Deus mais amoroso, um Jesus Cristo de feições humanas, o Espírito como impulso em uma realidade em mudança.

Assim podem ser lidos os seguintes escritos: *Religiosidade Rural* (1967); *Cristãos e Mundo Rural* (1973); *Catolicismo Popular e Mundo Rural: um ensaio pastoral* (1977); *Cristãos no Meio Rural: formação cristã para líderes* (1977). Além desses seguem vários artigos cujo enfoque segue na mesma direção.

Segunda fase: Escritos diversos de Teologia Moral

Para Frei Bernardino a falta de teólogos moralistas escritores praticamente o obrigou a alargar seu foco de atenção, da família à questão agrária; da Vida Religiosa e relação dos teólogos e Magistério, dentre outras.

Os escritos mais significativos desse período são: *Jeito Brasileiro e Norma Absoluta* (1982); *Moral Cristã e Autoridade do Magistério Eclesiástico: conflito--diálogo* (1991); *Família, casamento, sexo: por uma nova prática pastoral* (1992). Seguem igualmente vários artigos cuja temática é de ampla variedade.

Terceira fase: Cristãos e pessoas homossexuais

Embora o primeiro escrito de Frei Bernardino sobre as pessoas homossexuais seja de 1988, após ter deixado a sala de aula, esse foi o tema que mais recebeu sua atenção nos últimos anos de sua vida. Não são muitos escritos, mas significativos: *Homossexuais e ética da libertação: uma caminhada* (1988); *Homossexuais e Ética Cristã*, (2002, em parceria com José Trasferetti); *Homossexuais e Ética Cristã*, in *Convergência* 37/357 (2002), além do livro inacabado, cujo título seria: *Homossexuais e ecumenismo.*

Escritos sobre a Renovação da Teologia Moral

Perpassando de modo transversal as várias fases, Frei Bernardino sempre se dedicou a escrever sobre a nova maneira de fazer Teologia Moral. Nestes escritos, criticou o rigorismo moral e apresentou o desafio da ética cristã, vivido no ambiente concreto das pessoas.

Podem ser lidos nesta perspectiva: *Novos Rumos da Moral* (1970); *Francisco de Assis e a Moral Cristã* (1995); *Teologia Moral: Impasses e Alternativas* (1987, em parceria com Antônio Moser); *O Ministério da Reconciliação: uma ética profissional para confessores*, (1988, reeditado em 2008); *A Moral do Burro* (2003); *Rigorismo Moral e Humor Popular* (2007). E vários artigos a respeito.

As obras do teólogo holandês são aqui divididas em cinco grandes blocos, a saber: Ministérios eclesiais, no qual se analisa a reflexão acerca do Magistério eclesiástico em relação à teologia e os escritos sobre a Vida Religiosa; em um segundo bloco serão vistas questões relativas à família no mundo moderno e as questões a ela relacionadas, como a pílula anticoncepcional, o aborto e a integração dos homossexuais na Igreja e na sociedade; em um terceiro enfoque serão analisadas as preocupações de Frei Bernardino sobre a Bioética; em um quarto, as questões da Moral Social; e, por fim, uma reflexão sobre o Sacramento da Penitência.

Escritos sobre os Ministérios Eclesiais

Em uma mesma sessão analisamos aqui diversas reflexões de Frei Bernardino sobre as relações ministeriais no campo eclesial. Na leitura da bibliografia do teólogo, é possível perceber que ele tem como modelo ideal a Igreja Primitiva, em que os ministérios eram exercidos de forma colegiada, dialogal, participativa, sinodal, para usar uma terminologia atual, não fundamentada na hierarquia impositiva e na submissão.

Para Frei Bernardino, a Igreja deve contribuir de maneira significativa para a formação da consciência das pessoas, fazendo-as mais livres em sua adesão de fé e participação no mundo. O contrário disso será cristãos formados sob a ameaça, o medo, a punição. Em certas ocasiões, as determinações eclesiásticas são apresentadas ao povo de maneira unilateral, o que em vez de fazê-lo crescer em seu compromisso, torna-o dependente ou menosprezado.

"Uma simples aprendizagem de normas ou adestramento de código de conduta – diz Frei Bernardino – talvez seja um alimento indispensável à pedagogia infantil. Mas é uma árvore torta, seca e solitária do sertão ao lado da exuberância de vida da mata amazônica que forma um extenso ecossistema saudável e fértil" (1998, p. 161).

A consciência ética, segundo ele, cresce e recua concretamente conforme a singularidade de cada pessoa, em sua história. Como conceito abstrato, a consciência é insuficiente para manifestar a riqueza das variações que a vida das pessoas concretas apresenta (cf. 1998, p. 156).

O Protagonismo dos leigos

Frei Bernardino mostrava-se muito esperançoso ao ver a abertura da Igreja para os ministérios leigos, os quais são chamados a assumir sua missão de forma adulta e comprometida, inclusive especializando-se em teologia, o que antes era território exclusivo do clero. A participação efetiva dos leigos, sobretudo das camadas populares torna-se fundamental para a construção do edifício moral católico. Imagens relacionadas ao rebanho que aceita passivamente as decisões do pastor, que as direciona o comportamento, evitando toda abertura dialogal, estão em franco declínio, dizia o frade holandês.[1]

A caminhada conciliar aponta para uma valorização sempre maior da figura dos leigos na Igreja. Chega-se mesmo a dizer de "protagonismo", indicando uma presença primordial. Porém o que se nota é que nas instâncias de decisão a voz dos leigos não é devidamente ouvida. De forma provocadora, questionava Frei Bernardino:

"Se a vida e a práxis dos leigos são de tanto valor na edificação do Reino de Deus neste mundo, por que então sua riqueza é tão pouco aproveitada na procura de orientações seguras para a prática do Evangelho na época atual? Se o senso da fé é reconhecido neles, por que seu papel na formação da consciência coletiva e pessoal desempenha um papel tão limitado na formulação das normas morais?" (2004, p. 377).

A insistência de que a liberdade dos cristãos seja vivida pela Igreja é uma obsessão de Frei Bernardino. Perante as dificuldades e os conflitos da vida, será a Igreja uma referência para os cristãos em seu caminho de fé, porém, nunca uma instância de ordens perpetradas contra consciências infantis, negando-lhes a alteridade.

No imaginário popular, plasmou-se a ideia de que o clero é o detentor supremo do poder da Igreja, influenciando todas as dimensões da vida dos súditos que, em sua ignorância e impotência, estão subordinados totalmente à autoridade, que distribui os bens da salvação, fiscaliza os comportamentos e controla as consciências.

[1] Cf. Bernardino, "Modelos de Igreja e pastoral vocacional", in *Convergência* 18/163 (1983), p. 295; Bernardino, *Moral Cristã e Autoridade do Magistério Eclesiástico: conflito-diálogo*, Santuário, Aparecida 1991, p. 82.

O papel da Autoridade Eclesiástica

Generalizada por Frei Bernardino sob a denominação "autoridade eclesiástica", o teólogo refere-se tanto ao papel do pároco, bispo diocesano e do Papa. A autoridade eclesiástica exerce uma função fundamental na estrutura da Igreja, cabendo-lhe o pastoreio e a orientação dos fiéis, sobretudo nas zonas interioranas, onde os padres devem intervir em assuntos muito mais alargados que os de cidades mais desenvolvidas, onde os papéis sociais são mais bem definidos.

O risco que, ao longo de sua vida, Frei Bernardino reconheceu e nunca deixou de se manifestar foi de certo "agigantamento vaidoso" de muitas dessas autoridades. Sua preocupação foi então alertar para o perigo do autoritarismo, do apropriar-se do poder de decisão, em detrimento da evolução sadia das consciências dos fiéis.[2]

Para ele, um bom modelo de autoridade será aquele que "coloca no centro a convivência, a comunidade de todas as pessoas que pertencem ao grupo. Também aqui a autoridade funciona, porque este princípio é um elemento estruturador tão forte em qualquer grupo humano, que mesmo no anarquismo radical chega a brotar de novo" (1991, p. 21).

Consciente de seu papel dentro da Igreja, a autoridade, ao colocar a comunidade cristã em um sistema não piramidal, reconhece-se de maneira mais clara que "todos estão no mesmo caminho, cada um ajudando os irmãos conforme o carisma e a missão que recebeu. Não há monopólio da palavra de um lado e silêncio passivo de outro, pois a palavra de Deus pode comunicar-se até pela boca das crianças" (1991, p. 21).

Caberá sempre o discernimento a fim de que haja um "temperamento pacífico, mais diplomático, reflexivo, que sabe ouvir, que procura entender o outro e se considera mais aprendiz do que mestre da verdade, não cria tão facilmente as condições de um conflito como um tipo mais dogmático, agressivo, convencido de suas verdades e seus carismas, que pensa mais em estruturas e normas do que em pessoas de carne e osso" (1991, p. 98).

O contrário de todo fechamento autoritário, de toda negação da alteridade, de toda falta de diálogo se dá mediante a abertura ao Espírito,

---

[2] Relacionado a isso, Frei Bernardino tem uma frase lapidar: "onde a doutrina e o poder se misturam, ri-se pouco". Bernardino, *Moral cristã e autoridade do Magistério Eclesiástico*, ... p. 10.

que coopera com todos os seres humanos para descobrirem o caminho do bem-servir e combaterem os males que aflijam pessoas, famílias e povos. Sem essa cooperação entre o céu e a terra, as normas e os direitos ficam ocos e a liberdade responsável dos agentes morais arrisca dar golpes no ar e trabalhar em vão (1998, p. 64).

Deixando-se guiar pelo Espírito, descendo da superioridade do saber e do poder, a autoridade se apresenta como ministério, como serviço, que participa da vida e da criatividade dos fiéis, percebe seus anseios e suas necessidades, para melhor atendê-los em sua caminhada rumo a Deus e à plena revelação de sua missão.

Para Frei Bernardino, no contexto eclesial deverá haver sempre um clima de tolerância, vista não como um "aguentar mão", mas algo relacionado à paciência de Deus que sempre se interessa mais pelos doentes que procuram saúde do que pelos justos que se acham na posse da verdade, porque possuem livros com leis e fórmulas. O frade indica a aceitação da alteridade, na base do mútuo respeito, na troca de serviços e amizades ou, ao menos, de relações humanas tranquilas, sem conflitos ou agressões (cf. 1983, p. 302).

Escritos sobre a Vida Religiosa

Diversos artigos referentes à Vida Religiosa foram escritos a pedido da Conferência dos Religiosos do Brasil (CRB) para serem publicados na revista "Convergência". Os assuntos nela tratados são de uma grande variedade, o que dificulta a tentativa de síntese dos argumentos. O olhar aqui se volta para uma questão fundamental: qual o lugar da Vida Religiosa na Igreja na opinião de Frei Bernardino Leers?

Em seus escritos, Frei Bernardino deixa transparecer uma tripartição entre o clero, a Vida Religiosa e os leigos. Encontrar a identidade religiosa em meio aos outros dois estados de vida é uma bela empreitada, segundo o frade. O clero é marcado pelo serviço do altar, enquanto a Vida Religiosa é chamada a viver o evangelho do povo.

"Na nova Igreja do asfalto, os religiosos formarão comunidades mais móveis entre o povo, vivendo e trabalhando como ele, bem menos identificados com o sacerdócio e suas funções específicas (...). São homens de Deus, que vivem o evangelho em comum e ajudam solidariamente os peregrinos nos lugares de maior dificuldade e risco, porque como solteiros estão mais livres e, pela sobriedade de vida e senso crítico, mais aptos a enfrentar as situações de pecado e lutar pela justiça de Deus entre os homens" (1983, p. 295).

Em um primeiro momento, o contato com a realidade popular poderá chocar muitos religiosos, acostumados a uma vida de certas garantias e certos confortos. O risco é de uma vida burguesa, desacostumada às questões concretas que o povo tem de enfrentar diariamente.

Os desafios ao se inserir na vida da população poderão causar sérios estranhamentos para os que chegam. Questões como outras religiões, divórcio, namoro dos filhos, anticoncepcionais, aborto, desemprego, álcool, droga, terra, moradia, ideias políticas, entre tantas outras apontarão para um universo vital bem diferente ao que os religiosos por vezes estão acostumados. Resta, porém, a grata surpresa de encontrar, nos 'porões da humanidade', atrás da pobreza, do sofrimento, na dureza da vida teimosa, as muitas faces da vitalidade humana, simples e singela, criativa e perseverante, que não se esgotou sob as muitas formas de repressão. Igualmente impressionam as práticas de sacrifícios, de doação e de vingança a que o povo é capaz: "tocam o filho fora de casa, assumem a educação de duas crianças da viúva vizinha que morreu e tomam outra mulher 'porque a natureza da gente é forte demais'" (1982, p. 551).

A presença em meios populares é um imperativo, segundo as inspirações conciliares, "uma vida mais aberta das casas religiosas e a formação de pequenas comunidades em bairros, vilas e povoados, proporcionando um intercâmbio interpessoal mais direto com o povo, as famílias, doentes, jovens, operários, trabalhadores rurais" (1982, p. 548).

A linguagem dos religiosos, adquirida após longos anos de formação, deverá ser constantemente revisada, pois, antes de ser um meio de aproximação, poderá afastar os consagrados do povo em geral. "Como donos dos produtos religiosos, [os religiosos] sabem falar com maior desembargo sobre assuntos de fé e moral, Deus, Jesus Cristo, Igreja, ritos e normas da vida cristã, impressionando bem o auditório" (1982, p. 549).

Igualmente a ser evitado é uma visão de "povo" como algo romantizado, destituído de defeitos, porque quanto mais alguém começa a viver perto do povo e conviver com ele, tanto mais está obrigado a abandonar as categorias e generalizações e a descobrir e respeitar pessoas, famílias, vizinhos e suas circunstâncias, com seus defeitos e valores (cf. 1984, p. 157).

O fatalismo popular, visto por muitos como algo negativo, ao relegar às forças extra-humanas os acontecimentos da vida, para Frei Bernardino nem sempre deverão ser vistas assim, pois "no conjunto da vida parece ser mais uma sabedoria experimentada do povo que sabe que, na prisão em que se encontra, sofrendo e apanhando, não há muita possibilidade de conquistar novos espaços de liberdade" (1984, p. 554).

Os escritos de Frei Bernardino sobre a Vida Religiosa não se ocuparam de questões relativas à espiritualidade da Vida Religiosa, da teologia dos votos, mas da atuação concreta dos consagrados no seio da Igreja. Discretamente, ele se interrogava sobre o lugar dos religiosos na sociedade, relembrando a origem do carisma franciscano:

"Quando voltará a velha intuição de São Francisco de um grupo de religioso morar entre o povo, em um bairro, em um povoado, simplesmente vivendo sua vida e dando testemunho por sua vida, sem querer melhorar ninguém, sem obras e sem atividades pastorais, dirigidas e orientadas por planejamentos paroquiais e diocesanos? Será que o carisma dos religiosos na Igreja só floresce na medida em que entra na canalização planejada e dirigida pelo poder eclesiástico?" (1984, p. 556).

Escritos sobre Moral Sexual e Familiar

As questões relativas à vida familiar são tratadas em uma série de artigos cuja maioria data dos anos noventa. A questão de fundo desses escritos são as modificações que vêm ocorrendo na família brasileira, em vários aspectos. Em meio a tais mudanças, muitas vezes vem um sentimento de desespero, de saudades de um passado idealizado. No entanto, para Frei Bernardino, "é preferível e mais sadio manter a cabeça em seu lugar, analisar os fatos, as pessoas e as situações e tentar descobrir luzes que possam iluminar melhor a caminhada do povo peregrino neste mundo complexo e, muitas vezes, confuso" (1992, p. 5).

Apesar de desafiante, é importante tentar manter o equilíbrio nas interpretações, nem aplaudindo gratuitamente as mudanças, nem as considerar como prenúncio do fim dos tempos. Uma moral idealista tende a se ater às estrelas em sua beleza, e deixar os pobres mortais com os dois pés no chão deste mundo com suas limitações, fatalidades e seus fracassos sem retorno. Somam-se ainda reflexões que não podem ignorar a estratificação classista da sociedade e a distribuição injusta da renda (cf. 1992, p. 17).

Da parte de muitos leigos vem a crítica de que a moral da Igreja a respeito da família está defasada, que esta é feita por homens celibatários; que a Igreja é dura demais, pouco realista e compreensiva; a linguagem dos documentos é muito complicada, enfim.

Caberá sempre um apoio à formação da consciência do casal[3], a fim de que na maturidade de sua fé possam tomar as melhores decisões para sua convivência. No entanto a grande maioria dos cristãos não tem uma iniciação cristã apropriada que os ajude em suas decisões concretas.

As vozes dentro da Igreja a respeito do matrimônio muitas vezes não se afinam, porque na área das normas específicas, quando se invoca a Lei Natural, esquece-se que o conhecimento dessa lei é questão de consciência. "Na prática – diz Frei Bernardino –, a procura da verdade ética supõe a consulta, o diálogo e o processo decisório na amplitude de todos os fiéis, desde os bispos até o último dos leigos fiéis e sua experiência de vida cristã. Sem esse consenso, os pronunciamentos éticos se tornam facilmente autoritários" (1997, p. 127).

A consciência das pessoas conhece seus limites e suas sombras, e nunca é cópia de um manual de moral católica. O fato de muitas famílias católicas não terem mais contato regular com a Igreja institucional não quer dizer que

[3] Atentemos de que o tema da consciência moral dos casais é justamente um dos grandes temas da Exortação *Amoris Laetitia* (2015), na qual o papa Francisco admite: "nos custa deixar espaço à consciência dos fiéis, que muitas vezes respondem o melhor que podem ao Evangelho no meio dos seus limites e são capazes de realizar o seu próprio discernimento perante situações em que se rompem todos os esquemas. Somos chamados a formar as consciências, não a pretender substituí-las" (*Amoris Laetitia*, n. 37).

os casais não sabem o que seja amor, fidelidade, honra, senso de dever e não eduquem seus filhos em valores humanos, insiste o frade (cf. 1992, p. 465).

O apelo à consciência moral, no entanto, é usado por Frei Bernardino como última instância a orientar o agir humano: "não a lei, mas a consciência é classicamente a norma última ou próxima do agir. (...) Em última análise, a opção pertence à consciência de cada um; é o indivíduo que escolhe a maneira de realizar sua existência até a plenitude que ele proteja" (2010, p. 203-204).

Os adolescentes e jovens, nas cidades, são expostos a ocasiões muito diferentes daquela que viveram seus pais. "Apartamentos convidam a sair, para não cair na solidão ou na briga com os pais. Com seu vasto mundo de sonhos e desejos, estimulados pela propaganda que não fornece o dinheiro para comprar o prazer, os jovens arriscam o vácuo em que o sentido da vida evapora no escuro" (1992, p. 471).

Perante esse quadro complexo, mais que oferecer respostas e indicativas válidas para todo o contexto humano, Frei Bernardino chega à conclusão de que a Igreja deveria ouvir mais seus fiéis na hora de legislar e orientar as práticas familiares, afinal, são eles que enfrentam diariamente as belezas e agruras da vida em família. Essa postura não é novidade, uma vez que o próprio Concílio, ao incentivar os leigos a serem protagonistas de sua missão, reconhece neles uma colaboração fundamental (1992, p. 367 e 374).

Passemos a alguns temas recorrentes na obra de Frei Bernardino referentes à moral familiar.

O método da pílula

Surgida na década de cinquenta, a pílula anticoncepcional despertou na Igreja as mais variadas interpretações. Por ocasião do Concílio, a limitação da natalidade ainda não era um consenso entre os bispos e teólogos, tanto é que a interferência direta do papa Paulo VI só veio três anos após o término do Concílio, na Encíclica *Humanae Vitae*, de 25 de julho de 1968.[4]

[4] Nota da *Gaudium et Spes*, n. 51, referente ao título: 'O amor conjugal e o respeito pela vida humana': "Certas questões que requerem outras investigações mais aprofundadas, foram confiadas, por mandato do Sumo Pontífice, a uma Comissão para o estudo da população, da família e da natalidade; uma vez terminados os seus trabalhos, o Sumo Pontífice pronunciará o seu juízo. No atual estado da doutrina do magistério, o sagrado Concílio não pretende propor imediatamente soluções concretas".

Dois anos antes dessa Encíclica, Frei Bernardino escrevera um artigo sobre a pílula, no qual alertava para o papel dos casais em aderir ou não a esse método. Dizia ele: "nessa fase da investigação, a teologia moral deve ajudar, de sua parte, a trazer luz na escuridão, aproveitando-se do que foi doutrinado até agora, sem entrincheirar-se em posições já tomadas. Já de antemão, pode-se afirmar que, nessa questão, não se trata de um simples 'sim' ou 'não' e, muitos menos ainda, de uma concessão incondicional à arbitrariedade de ligar ou desligar vida matrimonial e prole, sem obedecer a ninguém e a nada" (1966, p. 115).

Com isso, Frei Bernardino alertava para o lugar fundamental da historicidade na vida dos casais, que influencia a reflexão moral: "dessa maneira elucidou-se mais claramente que a função da consciência moral não é simplesmente tirar conclusões lógicas de princípios que se apresentam como eternos, e aplicá-las nas diversas situações concretas. (...) As regras de comportamento moral, baseadas na união de Deus com seu povo eleito, têm se desenvolvido, especificado e transformado no decorrer da história da salvação. O fator tempo está sempre presente na consciência e nas práticas morais dos homens" (1966, p. 116).

Em jogo, estará o lugar de decisão dos leigos em saber, mediante sua consciência, a melhor forma de administrar a vida a dois. Os casais cristãos serão os agentes principais e mais importantes em sua edificação mútua e da educação de seus filhos. "Pelo serviço, pela dedicação e pelo sacrifício dos casais, é que os códigos familiares da Nova Aliança tornam-se realidade interpessoal e eclesial. Assim, uma verdadeira ética do bom exemplo funcionará por eles na comunidade do povo de Deus e atrairá a atenção benévola da sociedade humana" (1992, p. 376).

E questiona o frade: "Se os casais são os sujeitos responsáveis pela construção de sua convivência íntima e familiar, suas avaliações e atitudes experimentadas na práxis não merecem uma participação maior nas orientações éticas da vida?" (1992, p. 377).

Finalmente, Frei Bernardino, em situações muito concretas, mostra-se favorável à limitação da natalidade por meio da pílula, o que deveria ser visto "no conjunto da comunhão encarnada dos esposos": "em certas situações, essa dupla fecundidade do mesmo amor não se pode mais desenvolver plenamente e a limitação se impõe; é nesse quadro do amor específico matrimonial que a pílula se apresenta como método humano que salva, de modo limitativo, o crescimento da comunhão dos dois (...), para que o casal continue crescendo dentro da situação concreta restritiva" (1966, p. 130).

Em horas de turbulência, é função dos teólogos lançarem luzes que possam acompanhar as pessoas em sua vivência cotidiana: "com serenidade, ajudado pela fé e estimulado pelo amor para com o povo, [o teólogo] há de dar-se ao trabalho de descobrir, no mundo atribulado de hoje, o caminho pelo qual Cristo quer levar seu rebanho ao aprisco do Pai. (...) Confrontado com o problema da regularização da natalidade e seus métodos, o teólogo há de seguir o exemplo da Igreja, Mãe e Mestra, e aceitar sua responsabilidade de pregar a cruz aos fiéis e de aliviar essa cruz, onde for possível, perante Deus, o Pai de misericórdia" (1966, p. 132).

A problemática do Aborto

Ao tratar do grave problema do aborto na sociedade brasileira, Frei Bernardino baseia-se, sobretudo em sua prática pastoral, em atendimentos por vezes desesperados de mulheres que se viram perante esse dilema em sua vida. A relação face a face com quem vivenciava diretamente a questão entre o abortar ou não, com todas as suas motivações, deu ao frade um olhar carregado de misericórdia, não condenatório, procurando acolher a pessoa que se lhe apresentava, não se atendo somente em julgar o ato em si, fora do tempo e do espaço.

Mais que um julgamento frio e distante da realidade da mulher, Frei Bernardino diz não ser possível descartar a experiência concreta das pessoas envolvidas, sobretudo o dilema da mãe: "na realidade histórica das pessoas humanas concretas misturam-se razões e sentimentos, emoções e argumentos, preocupações e certezas, angústias e dúvidas, centrados em uma decisão humana na qual vida e morte tragicamente colidem. À distância, o discurso em defesa da vida, sobre o aborto e o direito à vida, pode ser de frieza lógica ou de sensibilidade entusiasta, impressionando os ouvintes. Todavia, a mulher grávida, posta diante de seu problema de abortar, de coração e de corpo, em uma decisão que é dela e somente dela, com todas as consequências e todos os riscos" (1993, p. 70).

Apelar para a Lei Natural ou para Deus parece igualmente uma decisão não muito feliz, pois mesmo que a Igreja argumente com a Lei Natural, "ninguém pode ser obrigado a seguir essa doutrina ética sem consentir em liberdade".[5] Isso não significa que Frei Bernardino se opusesse ao tema da Lei Natural, porém deveria haver sempre mais uma vinculação da Lei Natural ao projeto de Cristo, uma vez que este também tem alcances universais. O Deus da vida é evocado como outro argumento contrário a qualquer tipo de homicídio, porém, lembra o frade, isso "nunca excluiu as guerras, nem as bênçãos de armas, nem a pena de morte, nem o homicídio do injusto agressor" (1993, p. 91).

E continua de maneira provocadora: "o mistério de Deus é tão evidente na vida dos crentes que a única conclusão lógica possível é um não absoluto? A mãe mesma não entra e não tem opção? Responsabilidade participada no trabalho não leva à participação na solução de um conflito que envolve a mãe e o filho?" (1993, p. 92). Ou ainda, como conviver com uma frase bastante frequente, não só perante o aborto, mas em outras situações de um 'aperto danado': "sei que a Igreja proíbe, mas Deus me entende" (1993, p. 76).

Como se não bastasse todo o sofrimento acometido pelo aborto, com muita frequência a mulher ainda se verá em degredo social. Tal fardo será eminentemente feminino, visto que os homens não costumam tomar para si a dura realidade de uma gravidez não desejada, por exemplo.

As leis costumam supor, no fundo, o ser humano perfeito e livre, no entanto, perante situações de complicações de saúde, perigo de vida, preocupações com teto, despesas, honra e fama social, as concepções essencialistas de ser humano ajudam pouco (cf. 1993, p. 155).

Quais seriam então as possíveis pistas para essa intrincada questão dadas por Frei Bernardino? Em primeiro lugar, ele considera que a lin-

[5] Bernardino, "Abortamento e maternidade", in Bernardino, *Em Plena Liberdade*, Lutador, Belo Horizonte 2010, p. 184. Este artigo, originalmente, foi publicado na Revista Eclesiástica Brasileira em 1998.

guagem conceitual abstrata e objetiva da teologia moral condiciona e estimula facilmente uma intransigência imóvel da posição católica clássica. Mas na *práxis* pastoral, há que se levar em consideração as condições reais das mulheres que querem, decidiram abortar ou já abortaram. Faz-se necessário entrar no concreto das mulheres em questão: "De qual ambiente elas vêm? Qual foi a educação de sua consciência? Qual tipo de cultura (patriarcal) formou sua interpretação da vida concebida, de sua própria vida? Quais pressões caíram por cima delas no processo decisório?" (1993, p. 163).

A acolhida às mães em sua gravidez será outro elemento relacionado pelo autor: "a amizade, a ajuda, o apoio, a assistência adequada e organizada são capazes de dar maior liberdade e calma à mãe em seu dilema e sua decisão e maior chance de o nascituro entrar vivo no mundo dos peregrinos terrestres. Já seria um bom progresso em uma sociedade cristã se a mãe solteira que tem coragem de deixar nascer seu bebê e a perseverança de levá-lo sem pai até a maturidade fosse tratada com mais respeito e benignidade do que a discriminação social conhece e certos círculos clericais demonstram na pastoral" (1993, p. 177).

O valor da vida humana, da mãe e do filho, tem de ser considerado de modo sério, do contrário, o rosto da sociedade em questão se apresentaria desfigurado. As condições para que a criança possa nascer, no entanto, nem sempre são as mais propícias, lamenta-se Frei Bernardino, dizendo igualmente da responsabilidade por atitudes mais acolhedoras e dispostas a enfrentar a fundo essa triste realidade objetiva, mais que se queixar ou julgar após o acontecido.

Como exemplo bem-sucedido, Frei Bernardino mencionou o arcebispo de Nova York em um relato instigante: "em 1983, anunciei publicamente que qualquer mulher, de qualquer religião, e qualquer etnia, de qualquer lugar, a qual está grávida e passando necessidade, pode vir à Arquidiocese de Nova Iorque para assistência. Ela pode escolher criar seu bebê ou entregar seu bebê a uma família para a adoção. Nós temos ajudados milhares de mulheres que, de outra maneira, teriam abortado seus não nascidos" (1993, p. 172).

Homossexualidade e Ética Cristã

Desde um primeiro artigo datado de 1988, Frei Bernardino refletiu sobre a integração social e eclesial das pessoas homossexuais. Segundo o frade, o desafio foi lançado durante um Congresso de Teologia realizado em Salvador, no qual, um ativista teria provocado os teólogos a se voltarem a esse público, tendo em vista que pouco se falava dos homossexuais no ambiente eclesial naquele momento.[6]

A partir daí, o teólogo holandês se enveredou por um universo de reflexões até então desconhecido para ele, sobretudo ao pensar as pessoas homossexuais dentro da experiência de fé cristã. Nos tempos atuais, a questão dos homossexuais ganhou a mídia e encontra grande ressonância dentro da Igreja. Quando, porém, Frei Bernardino começou a tocar nesse assunto, esse tema se encontrava totalmente à margem das preocupações, usando-se com frequência respostas prontas, evasivas, preconceituosas e sem comprometimento.

Os passos de Frei Bernardino ao tratar das pessoas homossexuais, de modo geral, partem da predominância heterossexual na sociedade, capaz, na maioria das vezes, de abafar outras vozes que destoem desse universo. Em uma sociedade marcada pelo padrão homem-mulher que espaço encontram os homossexuais para se realizarem na vida, tendo respeitada sua dignidade humana? – É a grande questão posta pelo frade.

Ampliando a reflexão, é preciso notar que também não há igualdade entre homens e mulheres no terreno social. Ao longo da história, estas já foram consideradas propriedades de seus maridos, o sexo frágil, dominadas em tudo. Daí se entende como a consciência coletiva tolerava o relacionamento com prostitutas, estupros, esposas abusadas e sofridas.

Em seus textos, frequentemente Frei Bernardino relacionou o tema da homossexualidade com as demais "minorias" apoiadas pela Igreja em seu processo de libertação, assim como igualmente ocorreu com as mulheres, os negros, os trabalhadores e pobres em geral. A voz de acolhida, de inte-

[6] Trata-se de Luiz Roberto de Barros Mott, ativista, fundador do Grupo Gay da Bahia. Antropólogo, professor da Universidade Federal da Bahia. Informação adquirida em entrevista com Frei Bernardino de 12 de abril de 2011.

gração dada às minorias, no entanto, não foi pronunciada em relação às pessoas homossexuais. Pelo contrário, não raras vezes, estes foram enquadrados dentro de esquemas de perversão, de taras sexuais, de proliferadores da Aids, enfim.

A começar pelo termo, a realidade dos homossexuais dá provas de uma vivência difícil de ser enquadrada em modelos pré-fixados. O termo "homossexual" é genérico demais, segundo o frade, para entender as pessoas em seus sentimentos, desejos e suas ações. Enquadrar em uma mesma realidade todas as pessoas homossexuais, como se todas fossem iguais ou tivessem os mesmos sonhos e as mesmas aspirações, é um erro grotesco:

"Cada um leva consigo sua gênese, em boa parte escondida e desconhecida, vai acumulando experiências, tem suas reações, seus encontros e desencontros com sua família, seus amigos, seu ambiente de trabalho e lazer, com a sociedade em que vive. Na caminhada que percorreu, cada um fez e faz suas opções e escreve sua história particular em que a pessoa mesma nem sempre entende as surpresas que a vida lhe causa. As diferenciações individuais nunca se deixam objetivar por completo, nem na linguagem dos poetas".[7]

O vocábulo "homossexual" concentra a atenção no sexo, por causa da discriminação, ligado à promiscuidade e todos os pecados mortais que a tradição ética cristã conhece. "Também o americanismo 'gays' não soa bem, porque a alegria não é exatamente a marca registrada de pessoas, condenadas na opinião pública à clandestinidade e à angústia fechada de quem se sente como se fosse não homem, um ser inferior" (2002, p. 566).

Em um mundo dominado pela mentalidade heterossexual, a entrada de outro elemento em cena causa perturbação e atitudes fortes de ambas as partes. Na "sociedade hétero" por vezes predomina tristes exemplos de homofobia; da parte dos homossexuais, provocações "baixas" ajudam ainda mais a ampliar o estigma que pesa sobre eles.

"Quanto maiores são as diferenças entre as pessoas que se encontram – diz Frei Bernardino –, tanto mais árdua e exigente é a aceitação respei-

[7] Bernardino, "Homossexuais e Ética da Libertação", in LEERS, Bernardino, *Em Plena Liberdade*, Lutador, Belo Horizonte 2010, p. 325. Este artigo foi publicado originalmente na revista *Perspectiva Teológica*, em 1988.

tosa do outro, como ele é e se comporta. Quanto mais diferente é o outro que se apresenta, tanto mais perturba o mundo em que a pessoa vive e que formou em redor de si mesmo" (2002, p. 352).

Insiste Frei Bernardino: "os homossexuais são também filhos de Deus, pessoas humanas portadoras de sexualidade, desejosos de viver a vida em sua plenitude. Também eles carregam o desejo de crescer para o amor e a liberdade".[8]

No plano da "boa vontade" ocorrem reiteradas vezes quem se proponha a "curar" os homossexuais, como se se tratasse de uma doença psíquica. Em muitos círculos religiosos, tais pessoas deveriam se "converter". Para muitos casos, recomenda-se o casamento com outro sexo, o que resultará em um conflito ainda maior.

Em todos os escritos sobre o tema, Frei Bernardino defendeu que os homossexuais deveriam se organizar em busca de seus direitos de cidadãos e sair de uma situação de clandestinidade inferiorizada.[9] Para isso, propõe a chamada "tolerância ativa", usada quando há oprimidos e opressores, fracos e fortes no duelo social. Não se mostra de acordo com o termo "paciência", porque essa "está cercada de ideias de passividade, de aguentar mão e não fazer nada, o caminho é adotar a tolerância ativa, embora pareça paradoxal (...). Na *práxis*, o processo quer ação, organização, luta, perseverança e firme esperança, onde ao menos no início a previsão do sucesso é pouca. Tolerância é ação planejada, é estratégia, é cálculo, é coragem, é enfrentar obstáculos, nesse caso, seculares, mas é o contrário de fogo de palha, é du-

[8] Bernardino, e TRASFERETTI, José, *Homossexuais e ética cristã*, Átomo, Campinas, 2002, p. 29. Embora o nome de José Trasferetti figure como coautor do livro, ele mesmo esclare,ce que sua colaboração se deu de forma pontual: "minha colaboração consistiu na organização do texto, sumário, novos títulos e, sobretudo, a partir de minha experiência junto às pessoas e aos grupos homossexuais" (introdução).

[9] A garantia dos direitos dos homossexuais entre eles a união foi aprovada no Brasil no dia 5 de maio de 2011. Pela nova lei, fica garantido a eles o direito à pensão alimentícia, aos benefícios previdenciários e à partilha de bens no caso de morte do companheiro, entre outros. O ministro Ayres Britto argumentou que o artigo 3°, inciso IV, da Constituição Federal veda qualquer discriminação em virtude de sexo, raça, cor e que, nesse sentido, ninguém pode ser diminuído ou discriminado em função de sua preferência sexual. 'O sexo das pessoas, salvo disposição contrária, não se presta para desigualação jurídica', observou o ministro, para concluir que qualquer depreciação da união estável homoafetiva colide, portanto, com o inciso IV do artigo 3° da Constituição Federal. In: https://www.dw.com/pt-br/h%C3%A1-10-anos-stf-reconhecia-uni%C3%A3o-homoafetiva/a-57423764 (13.7.22).

ramente persistente, porque sabe que madeira de lei cresce lentamente e a luta contra preconceitos e discriminações injustas exige tempo, muito tempo (cf. 1993, p. 35).

Não bastam atitudes individuais, uma vez que a convivência social se dá de maneira ampla, exercendo forte poder no nível coletivo. Da mesma forma como o racismo, "é possível ser amigo de um homem de outra raça e, assim mesmo, ser racista, também para com um homossexual alguém pode ter admiração e bom relacionamento, mas discriminar em geral os gays e acusá-los de espalhar AIDS" (2002, p. 572).

Frei Bernardino apoiava-se nos referenciais paulinos para indicar de que modo os cristãos devem se comportar perante os homossexuais. "A ninguém fiqueis devendo coisa alguma, a não ser o amor fraterno; porque aquele que ama seu próximo cumpriu toda a lei" (Rm 13,8). E relembra: "Por Cristo no meio da comunidade do povo de Deus, o cristão se abre e se liberta para atender também o pedido dos homossexuais: irmãos, o que temos de fazer para entrar no reino de Deus?" (2002, p. 574).

Não raras vezes, as inquietações são graves para a experiência de fé dos homossexuais: "por que Deus me fez assim? Como ele pode ser bom? Deus é castigo para mim e é só felicidade para os outros? Deus é Deus só dos heterossexuais?" (2002, p. 34).

Na prática eclesial, há um longo caminho a ser percorrido, uma vez que as portas nem sempre estão preparadas para receber os homossexuais no cotidiano das comunidades católicas, deixando no ar uma inquietação existencial da parte destes: "Se Deus me fez assim, por que não me pode chamar para ser padre ou entrar na vida religiosa"? "Tolerância-zero é antievangélica" (2002, p. 575), dizia o frade.

A pergunta para Frei Bernardino é direta e sem introdução: "Um homossexual pode ainda viver na Igreja católica"? E ainda: "Por que não me deixam viver em liberdade, se Deus me criou assim"? Letras impressas são frias demais para comunicar e fazer sentir a insegurança, a angústia e a revolta que se esconderam nestas perguntas pessoais" (2002, p. 571).

Como sempre defendia, não é possível, segundo Frei Bernardino, refletir e legislar sobre um modelo ético que exclua os principais envolvidos no processo. Assim diz sobre as populações rurais, as famílias, a juventude e agora em relação aos homossexuais. A primeira atitude é ouvi-los em sua real situação. Entender seus traumas, criar vínculos de amizade, e não verter sobre eles discursos pré-moldados de preconceito.

"Diálogo e poder não combinam bem, mesmo onde há boa vontade. O símbolo do primeiro é a mesa redonda; do segundo é o trono. O diálogo só prospera com direção dupla; o trono geralmente apenas usa mão única, especialmente se está apoiado por secular tradição" (1988, p. 35).

O difícil, por vezes, é reconhecer que temos uma imagem limitada sobre o universo humano, o que faz com que os discursos a seu respeito beirem a superficialidade se feitos de maneira apressada e com respostas pré-fabricadas. "Muitas vezes o discurso ético dá a impressão de trabalhar com uma imagem perfeita, ideal da pessoa bem-sucedida, enquanto a realidade apresenta uma variação que passa da pessoa bem-sucedida para vítimas da violência ou indivíduos profundamente reduzidos" (2002, p. 155).

E conclui indicando o percurso do teólogo moralista em sua missão: "Em seu trabalho, o teólogo moralista é sempre um aprendiz que, lendo e escutando, junta o material para suas reflexões. Quanto mais se abrir, tanto mais escutará a diferença de vozes e perceberá a variedade de interpretações existenciais que, às vezes, estão atrás de palavras aparentemente comuns" (2002, p. 192).

Escritos sobre Bioética

Caso se entenda por Bioética as reflexões que emergem da pesquisa laboratorial, clínica, do ambiente biomédico, os escritos de Frei Bernardino Leers a esse respeito serão bastante reduzidos. Isso se deve ao fato de a maioria de seus textos ter sido escritos quando as atuais descobertas genéticas eram muito incipientes, e outras não haviam sido cogitadas. Quase todos os seus títulos sobre Bioética datam dos anos noventa e primeira metade do segundo milênio, quando as reflexões sobre o tema começavam a ganhar fôlego no Brasil.

De outra parte, se o conceito de Bioética é remetido à qualidade de vida como um todo, abarcando todas as dimensões do viver, sobretudo da população mais carente, então é possível afirmar que, assim como na Moral Social, como se verá, a chamada "Bioética da vida cotidiana" ou "Bioética latino-americana", foi um tema transversal em toda a obra de Frei Bernardino. Esse tema foi um interesse constante em sua obra, desde os inícios de seus trabalhos na zona rural, quando se preocupou com a saúde, a alimentação e o saneamento básico.

Como Frei Bernardino tinha o costume de se inclinar somente em assuntos que se ligavam diretamente a sua *práxis*, acadêmica ou pastoral, muitos assuntos não foram tratados por ele, por admitir não estar suficientemente capacitado para dar opinião em terreno desconhecido, como é o caso das novas descobertas da engenharia genética, reprodução assistida, dentre outros.

Seguindo a linha da moral renovada, Frei Bernardino, antes de iniciar um discurso referente à Bioética, alerta sobre o aspecto concreto dessas reflexões, condicionado pela cultura, pela época, a experiência comum e o progresso científico, além do próprio lugar onde o pensador está inserido.

No caso brasileiro, não se pode ignorar o fato de ser um país altamente desigual, em que se discutem ao mesmo tempo os mais altos avanços científicos e as questões relativas à pobreza extrema. "Em teoria, pode-se defender que a vida humana vale tudo ou mais do que qualquer outro valor; na *práxis*, a vida humana tem um valor limitado que, em uma sociedade estratificada, varia conforme a classe social à qual o indivíduo pertence, apesar da socialização dos institutos de previdência social" (2010, p. 288).[10]

De igual modo, a reflexão sobre a ética da vida deverá levar em consideração fatores amplos, que abarcam muitas vezes a própria dinâmica do capitalismo, criando um abismo entre pobres e ricos, fazendo com que ações muito localizadas não sejam capazes de resolver os problemas em questão. "Certo tipo de moral abstrata pode limitar seu interesse em formular normas, sem assumir as condições reais de vida e morte em que a

[10] Originalmente publicado em "Cadernos de Bioética", em dezembro de 2000.

massa do povo vive. Mas a política começa onde de fato a sociedade se encontra, marcada profundamente pelas situações de pecado e injustiça, na terminologia de Puebla, como geradoras da morte" (1984, p. 51).

O povo pobre, sofrido, criou ao longo do tempo maneiras de se defender contra as injustiças da sociedade dominante. No entanto, com o crescimento das estruturas sociais e políticas, ficou menos capaz de arrumar sua vida e alcançar certo bem-estar por conta própria. O apoio que conseguia vinha mediante a boa vontade político-partidária.

"A solidariedade com os pobres – diz Frei Bernardino – não só significa conscientizar, levar a participar e a fazer coisas para melhorar o nível de vida popular; significa também ajudar a escolher o partido político que, por seu programa e suas ações, corresponde em melhorar os justos anseios do povo sofredor e indefeso" (1984, p. 55).

A Bioética tem por característica a interdisciplinaridade, uma vez que perante os grandes desafios humanos, não há nenhuma área capaz de dar um juízo absoluto. Antes, por admitir a complexidade da vida, dever-se-á ouvir e levar em consideração uma série de fatores. Segundo Frei Bernardino, "a contínua mistura de dados da fé com a moral renovada pós-conciliar de certos grupos católicos não elimina nem encobre o ponto de saída da reflexão, que são atos humanos em situações humanas, cujo significado é condicionado pela cultura de um povo, a época, a experiência comum e o progresso científico. Descobertas científicas, dados e condições culturais, tradições interpretativas do agir humano estão abertos à percepção de qualquer um (cf. 2010, p. 87).[11]

A insistência do frade é que a Moral e a Bioética sejam um guia de ação neste mundo. "A função da moral não é satisfazer a curiosidade de quem quer saber, mas ser de utilidade para quem quer agir e fazer. Uma moral puramente teórica seria imoral, porque deixaria o homem sem moral na prática, ou seja, no único terreno que conta, o da ação real" (2010, p. 283).

Não é possível isolar uma experiência humana em particular de seu contexto histórico, de toda a complexidade que cerca o viver em sociedade.

[11] Originalmente publicado em "Cadernos de Bioética", em abril de 1992.

As decisões a serem tomadas, além da consciência individual, são influenciadas pela consciência pública e até mesmo penal. Os atos individuais costumam remeter para uma influência sorrateira de várias vozes, como os meios de comunicação. "O nexo entre dor de cabeça e remédios leva a atos individuais, mas a quantidade total de remédios tomados supõe mais do que uma necessidade existente, a propaganda, o estímulo de lucro nos investimentos da indústria farmacêutica e a mentalidade de um povo, seus costumes alimentares e higiênicos" (2010, p. 291).

Frei Bernardino constata que os assuntos da Bioética sofreram algumas modificações no decorrer do tempo. Os novos avanços da ciência, vinculados à manipulação genética, inseminação artificial, bebê de proveta, mãe substitutiva, eutanásia, dentre outros, ganharam o cenário midiático, ofuscando outras problemáticas da ética clássica, como manipulação, a tortura, a esterilização, o infanticídio, o homicídio (cf. 2010, p. 112).

Somado a isso, está a complexidade humana, sempre mais evidenciada: "os tempos mudaram. O poder do homem criou uma ampla montagem técnica, científica, econômica e política em torno da vida e da morte. No centro está a pessoa humana, grande e miserável, forte e frágil, universal e dividida em mil linguagens, um pouco do céu e um pouco do inferno. Esta pessoa é plural, é multidão. Em matéria de vida e morte, as razões e paixões se separaram, opõem-se e se combatem na sociedade" (2010, p. 115).

No caso concreto da assistência a um doente, ou idoso, é mister reconhecer a realidade da pessoa como um todo, não reduzida a um órgão que porventura não funciona bem. Mesmo se o paciente comece a se queixar de sua dor e contar história de seu sofrimento, "o acompanhante faz bem em não se limitar a esse aspecto, mas alargar o horizonte para a vida total desta pessoa doente, seus interesses, suas frustrações, alegrias, sua sede de relações humanas, sua convivência. Acompanhamento é um acontecimento entre pessoas que se encontram em redor dos problemas sérios da vida" (1995, p. 116).

Para Frei Bernardino, o contato humano junto ao paciente deverá progredir inversamente proporcional à medida que as esperanças médicas diminuem, "mesmo se for apenas por gestos simples de segurar a mão do paciente ou dar-lhe uma colherzinha de água". Dessa forma, evita-se que o paciente caia no total isolamento de suas dores, revolte-se ou perca o contato com o ambiente (1995, p. 117-118).

A liberdade do sujeito deverá ser garantida e respeitada ao máximo, sem cercá-lo de proibições. Ele não pode ser reduzido a objeto. Quem dele cuida deverá saber que se trata de um ser humano pleno, que pensa, deseja, e ainda quer dar sentido a sua vida.

Ao relembrar a Terapia Centrada no Sujeito, de Carl Rogers, e a estratégia pedagógica de Paulo Freire em valorizar a figura do aluno, Frei Bernardino aplica os mesmos princípios no contato com os idosos e doentes para valorizar sua autonomia. Tal atitude proporcionará um relacionamento mais frutífero. E insiste: "consultem os próprios idosos para saber suas necessidades e seus desejos, e troquem ideias e propostas com eles antes de planejar e decidir sobre eles. Velhos não são material humano que se pode estocar como pastas em um arquivo. O discurso faz deles sábios e experimentados na vida. Mas, o que interessam os livros sapienciais, se não são abertos e lidos?" (2010, p. 304).[12]

Quando, enfim, chega a "irmã morte corporal" atualmente afastada da família, em ambiente hospitalar, Frei Bernardino constata que o homem ocidental perdeu o direito de presidir o ato de morrer. A saúde ou o poder de enfrentar os acontecimentos foi expropriada até o último suspiro, quando a pessoa vê "a possibilidade de enfrentar o acontecimento de sua própria morte, escondida atrás de uma cortina de silêncio, falsa esperança e analgésicos, reduz-se à margem pequena deste instinto humano que sente o momento decisivo aproximar-se, apesar das aparências contrárias" (2010, p. 299).

Escritos sobre Moral Social

Apesar de alguns títulos poderem ser automaticamente relacionados à Moral Social, é possível ver em toda a produção de Frei Bernardino a preocupação por esse tema. As influências conciliares, encíclicas, como *Mater*

[12] Bernardino, Envelhecer, uma arte de bem viver. Originalmente publicado na revista *Convergência*, em julho de 2003.

et Magistra (1961), *Populorum Progressio* (1967) e, sobretudo as Conferências latino-americanas de Medellín e Puebla forneceram-lhe os principais argumentos para tecer suas ideias sobre a relação entre classes, com todas as problemáticas envolvidas, como emprego e salário, questão fundiária, a riqueza da própria Igreja, engajamento político dos religiosos, entre tantas outras.

O tema da Moral Social na obra de Frei Bernardino é, ao lado da Bioética do cotidiano, um tema transversal, perpassando vários assuntos e períodos, mas sempre preocupado com as condições reais de vida da população mais pobre.

De maneira sumária, pode-se dizer que Frei Bernardino trabalhou em vários textos o problema da ignorância do povo, somado à passividade de sempre se ver sujeitado. Daí, a responsabilidade da Igreja em conscientizá-lo, em busca de seus direitos. Da parte oposta, há o costume de valorizar a boa intenção, a boa vontade para com as questões sociais.[13]

O papel da Igreja em ser "espelho" de justiça e honestidade é incentivado diversas vezes na obra do teólogo holandês, não sendo possível ignorar o fato de que em diversas ocasiões a Igreja esteve mais unida às classes dominantes que às populares. O fato de o discurso eclesial se apresentar próximo das realidades populares faz com que toda a estrutura da Igreja mereça ser repensada.

O que teoricamente os religiosos, por exemplo, denunciam, eles mesmos nem sempre experimentam: "em seu isolamento relativo e bem-estar de tudo certo e tudo na hora, muito religioso terá dificuldade de sentir no coração o que quer dizer para um homem estar desempregado, ser expulso de sua terra, ou para uma mãe de família não ter nada de comida em casa, com os filhos chorando de fome. Mesmo onde há aproximação e convívio com o povo, a repetição costuma abrandar os choques emocionais" (1980, p. 308).

---

[13] Os textos mais significativos a esse respeito são: "Evangelização e Direitos Humanos", in *Convergência* 12/p. 124 (1979) 329-341; "Igreja e problemas da Terra", in *Atualização* 11/p. 127-128, 1980, 299-312; "Profetismo na Vida Religiosa e o movimento sociopolítico no Brasil", in *Convergência* 21/196 (1986), p. 479-493; "A Igreja quer pobreza ou riqueza", in *Grande Sinal* 28 (1974), p. 272-284; "O compromisso político do religioso", in *Convergência* 13/133 (1980), p. 297-310.

Ao mesmo tempo, não se pode equiparar a pobreza a percentagens, estatísticas, ou discursos elaborados de justiça: "desemprego pode significar números, fornecidos pelo Ministério do Trabalho; é ficar à toa e os filhos em casa com fome. Injustiça é outra coisa, escutando uma dona que foi despachada da fábrica, porque estava grávida. Falar sobre salário é diferente na prosa de um rico ou na boca de um operário com seis filhos e salário-mínimo, ou menos ainda" (1979, p. 338).

Ao apresentar o documento de Puebla sob a ótica dos Direitos Humanos, Frei Bernardino alerta para o estilo floreado, de linguagem rebuscada que os documentos tendem a usar, dificultando o acesso de pessoa mais simples a seu conteúdo: "o gênero literário tradicional desse tipo de documento eclesiástico, com seu estilo hierático, floreado, exortativo, idealizante, talvez esteja já em franco regresso. Doutro lado, não será facilmente abandonado, porque o suposto público leitor é, ao menos parcialmente, do tipo intelectual e da classe média. Parece quase um mal necessário, que textos oficiais que falam tão decididamente da defesa dos pobres, operários e camponeses, não chegam a dirigir-se diretamente ao povo pobre mesmo, na linguagem dele (1979, p. 336).

A política partidária, por sua vez, é vista por Frei Bernardino como algo próprio dos leigos, não recomendada aos religiosos e padres. Isso, segundo ele, evitará divisões dolorosas e radicalismo sociopolíticos. Outra posição será a clareza em apoiar as classes populares em suas lutas e reivindicações. Quanto à maneira de protestar, Frei Bernardino elenca uma série de medidas não violentas, como os protestos, as passeatas, os boicotes, as pressões, abstenções e greves.[14]

Outro sério problema que o frade tratou foi a questão da reforma agrária no Brasil, seguindo a linha da CNBB em seu documento de 14 de fevereiro de 1980: "A Igreja e problemas da terra". Segundo o documento, a categoria 'Deus' não pode ser usada como justificativa para a injustiça da acumulação desmedida no território nacional: "A responsabilidade não cabe a Deus, como se dá a entender quando se diz que 'as coisas estão assim porque Deus quer'. Não é vontade de Deus que o povo sofra e viva na miséria".

[14] Cf. Bernardino LEERS, "O compromisso político do religioso", ... 300; Bernardino LEERS, "Pastoral Rural e Puebla", in *Atualização* 117 (1979), p. 364.

Para Frei Bernardino, "a religião não pode ser usada para domesticar as vítimas da injustiça e exploração desumanas, feitas por pessoas e instituições humanas, onde de direito e de fato a ação política social tem de funcionar para o bem comum da sociedade (...). Deus não é nenhum tapa-buraco nem um serviço-pronto-socorro para consertar uma situação, quando o homem não sabe mais dominar os maus espíritos que ele mesmo provocou por seu egoísmo e pelos abusos de seu poder" (1980, p. 302).

Não se pode, de igual modo, falar de direito à propriedade privada se a realidade nacional não possibilita tal acesso. Seguindo a linha de Paulo VI de que "a propriedade privada não constitui para ninguém direito incondicional e absoluto",[15] Frei Bernardino ironiza: "falar de um direito à propriedade, onde não há possibilidade real de adquiri-la, é falar de direito à vida diante de um corpo de um homem assassinado. São apenas palavras, produtos de curiosa boa vontade" (1980, p. 305).

Escritos sobre o Sacramento da Penitência

"Quem sabe direito o que uma pessoa é? Antes sendo: julgamento é sempre defeituoso, porque o que a gente julga é o passado" (Guimarães Rosa, Grande Sertão: Veredas, p. 376. Episódio referente ao julgamento do Zé Bebelo).

Em outra série de escritos, Frei Bernardino analisa o Sacramento da Penitência – ou da Reconciliação, como tem sido mais usual – dentro da prática brasileira. Neles, reflete sobre o valor teológico, o modo como os fiéis católicos dele se aproximam e a postura do confessor ao ministrá-lo.

Esse tema acompanhou o autor por longo tempo, desde o primeiro artigo em 1972, vários escritos nos anos 80, e um último artigo de 1999, excetuando-se a reedição em 2008 de um livro sobre a "ética para confessores", publicado vinte anos antes.

[15] Paulo VI, *Populorum Progressio*, 1967, p. 23.

De maneira sumária, é possível dizer que os elementos fundamentais refletidos pelo autor são a crise com relação à *práxis* sacramental, fazendo com que sempre menos pessoas tenham o costume de se confessar; o rigor transmitido na relação confessor-penitente; o imaginário popular acerca do sacramento; a reconciliação inspirada na pessoa de Jesus Cristo; e os métodos adotados para a celebração sacramental da penitência.

A crise do Sacramento da Penitência

Vários fatores são lembrados por Frei Bernardino como causa da diminuição do número de fiéis que se dirigem à confissão: desde a repetição rotineira ('lava-se a roupa para depois sujá-la de novo'), as mudanças no sentimento de culpa, a complicação dos problemas morais da sociedade, a formação catequética precária, a falta de consciência do pecado social, a passagem de uma moral centrada na obediência da norma para algo mais flexível, que estimula a responsabilidade madura das pessoas em suas decisões.[16]

Tais fatores apontam que, para o autor, a diminuição das filas de confissão não é propriamente algo ruim, mas pode ser sinal de um senso religioso inspirado na liberdade cristã, não tão associada ao pecado.

É preciso que os confessores se interroguem sobre o modo como têm acolhido as pessoas que se confessam com eles. Isso os ajudará a querer melhorar sempre mais. No entanto, devido muitas vezes a um grande número de confissões, tais análises são dificultadas, caindo-se no risco da rotina, que cega a gratuidade e faz disparar a 'máquina de absolvições'. É também importante para Frei Bernardino que o confessor trate as pessoas de igual modo, sem preferências, atendendo a uns de forma empenhada e despachando outros apressadamente.[17]

---

[16] Os textos mais significativos a esse respeito são: "O Sacramento da Reconciliação: um século de catequese no Brasil", in *Revista Eclesiástica Brasileira* 44 (1984) 300-301; Cf. *O Ministério da Reconciliação: uma ética profissional para confessores*, Vozes, Petrópolis 1988, p. 23-24;

[17] Cf. Bernardino, *O Ministério da Reconciliação,...* p. 54-69. Este livro, publicado pela primeira vez em 1988, foi reeditado 20 anos depois, porque, segundo o próprio responsável pela Editora, em sua apresentação, o livro 'não só não perdeu a atualidade, como até ganhou nova dimensão, a de suprir uma patente lacuna em termos de compreensão do significado do Sacramento da Reconciliação'.

"Ouvir confissões – alerta o frade –, como a tradição dizia, não é receber pacotes de frutos podres ou trouxas de roupas sujas, mas receber pessoas que, pecadoras, querem reconciliar-se com Deus e com a comunidade. (...) Mesmo se fosse a mesma pessoa que volta, sua história é nova, apesar das velhas recordações" (1988, p. 95).

O rigor e o medo no Sacramento da Penitência

A diminuição do número de fiéis tem a ver igualmente com o medo introjetado na administração sacramental. A metáfora do tribunal dizia de um juiz severo, pronto a condenar a culpa de forma implacável, dando a pena devida. Ao tipo sisudo e exigente do confessor se unia o risco de ir para o inferno caso a confissão não fosse feita a contento, com riqueza de detalhes, o que nem de longe lembrava a alegria do filho acolhido novamente na casa do Pai, conforme a proposta lucana (cf. Lc 15,11-32).

Vinculada à confissão, em outras eras da Igreja, a comunhão eucarística era o prêmio da santidade perfeita, feita sob a licença do confessor. Muitos autores se queixavam de confissões inválidas, contraproducentes e sacrílegas, de tantas almas que se perdem apesar de suas muitas confissões. As muitas regras a serem cumpridas pelos cristãos funcionavam como placas de trânsito, prontas para orientar o caminho, mas – recorda Frei Bernardino –, quando essas são postas em excesso, não ajudam o chofer que procura prestar atenção a todas as indicações, mas lhe cansam e irritam. O exagero se torna contraproducente.[18]

Frei Bernardino relembra a influência rigorista da moral: "A literatura do passado próximo liga, quase sempre, a confissão à comunhão, a 'tomar a hóstia'. Sob a influência rigorista do jansenismo [veja o box a seguir], as exigências da pureza de alma para receber a comunhão são tão sérias e pesadas que esta, como se fosse um prêmio da santidade perfeita, só é possível logo depois da confissão sacramental. Nesta linha entende-se que, até hoje, penitentes são capazes de perguntar, depois da confissão, quantas vezes podem comungar. Também a devoção popular do Sagrado Coração de Jesus ficou contaminada por este exagero" (1988, p. 27).

[18] Cf. Bernardino, "O pecado como experiência da fé", in *Grande Sinal* 26 (1972), p. 422; cf. Bernardino, "O Sacramento da Reconciliação: um século de catequese no Brasil", ... p. 310-311.

Na mentalidade dos confessores antigos, o pecador devia proceder "como se fosse inimigo de si mesmo, e com tanta exatidão e clareza, como o demônio há de acusar diante do tribunal de Deus. De verdade, o pecador tem mais pecados que os demônios do inferno, enquanto o pecador talvez tenha mais de cem, ou mais de mil. Especialmente se faz mais tempo que não se confessou, descobrirá que quebrantou todos os mandamentos de Deus, e que não há pecado mortal em que não tenha caído. Pois, nem mesmo as crianças da primeira comunhão escapam do rigorismo e são tratadas geralmente como se fossem adultos em miniaturas" (1984, p. 315).

O povo aprendeu bem a lição ensinada pelos padres confessores. Tal assimilação fez com que se desenvolvesse a mentalidade de um julgamento frio, calculado, em que entrar no céu, passando pelo crivo do porteiro São Pedro não era tarefa das mais fáceis. O inferno, na crença popular, é descrito em detalhes e com um sadismo curioso, como as estórias trágicas de almas que se perderam por um só pensamento na última hora, ou de cadáveres que não queriam ser enterrados.

"A confiança do penitente no perdão de Deus e a alegria dos anjos no céu pela conversão do pecador se tornaram uma dança macabra de pecados, demônios, almas angustiadas, e pecadores perdidos para sempre. O amor a Deus desaparece atrás de uma cortina de fumaça de pessimismo humano" (1984, p. 308-309).

Noções gerais sobre a mentalidade Jansenista

O Jansenismo foi um movimento de cunho rigorista, surgido na França e na Bélgica, entre os séculos XVII e XVIII, como reação ao laxismo moral. Tem seus inícios ligados ao bispo de Ypres, Cornélio Jansênio (1585-1638), e teve contornos tanto de caráter dogmático, moral e disciplinar. Por ocasião da reforma do clero no Brasil, no século XIX, muitos escritos de cunho Jansenista foram adotados nos seminários, inclusive em Minas Gerais.

A antropologia jansenista traz um forte acento pessimista, consequência do pecado original. Antes da Queda, a natureza humana era íntegra, sob a ação do Espírito Santo, fazendo o homem naturalmente obediente à Lei

Divina. Após o Pecado, a natureza humana perdeu toda a capacidade de fazer o bem: com o livre arbítrio, o homem não poderia querer nada moralmente bom, e só a revelação da vontade Divina seria capaz de ensinar o que fazer. Sem a graça de Deus, o homem nada poderia realizar de bom.

A base teórica para tal pensamento foi buscada na obra de Santo Agostinho, e é justamente este um dos orgulhos de Jansênio: ter lido dez vezes a totalidade da obra de Agostinho e trinta vezes os escritos sobre a Graça e o Pelagianismo.

Em relação à moral, Blaise Pascal (1623-1662) considera somente a vontade de Deus e a concupiscência humana; e o prazer ligado a uma ação, a faz ser má. Dessa forma, o matrimônio, por exemplo, é visto como a mais baixa das condições cristãs, sendo justificado somente em função da procriação.[19]

O rigorismo moral pregado pelo Jansenismo foi largamente expandido no Brasil, sobretudo porque os escritos jansenistas foram adotados nos seminários, e consequentemente, chegou aos fiéis. Considerar-se um verdadeiro católico – com todas as implicações – era coisa para poucos, dadas as várias práticas de penitência e privações a que se devia seguir. Os pecados deveriam ser lembrados em detalhes, mas ainda assim a participação da comunhão não estava assegurada. "Filas enormes se formaram diante dos confessionários, mas as comunhões diminuíram, pois o rigor exigido para a comunhão era tanto que somente se podia comungar no mesmo dia ou hora da confissão. Criaram o costume da comunhão fora da missa, e fortaleceram o da confissão devocional. Listas de pecados foram confeccionadas e traduzidas de manuais europeus. Os padres reformadores tornaram-se especialistas em pecados e não ministros da reconciliação para o povo devoto" (MELO, 2000, p. 68).

Nos manuais para confissão, as indagações sobre os pecados eram minuciosas, sobretudo com relação ao sexto mandamento. Dessa forma, o medo de cometer sacrilégio durante a confissão fez com o escrúpulo dos fiéis se fizesse cada vez mais forte.[20]

O Sacramento da Penitência imperava o medo, e não a alegria da redenção, em uma lógica de prêmio e castigo, em um cristianismo sem Jesus, sem

[19] Cf. Amarildo José de Melo, *A influência do Jansenismo na formação do ethos católico mineiro: uma reflexão a partir da ação pastoral de dom Antônio Ferreira Viçoso.* Centro de Estudos Superiores da Companhia de Jesus, Faculdade de Teologia, Belo Horizonte, 2000, 14-16; cf. Renzo Girard, *Storia della Morale, Interpretazioni teologiche dell'esperienza Cristiana, Periodi e correnti, autori e opere*, EDB, Bologna 2003, 378-383; *Dicionário de Teologia Moral*, Francesco Compagnoni, Gianinno Piana, Salvatore Privitera (org.), Paulus, São Paulo 1997.

[20] "Quantas vezes falei com os outros meninos em coisas feias? Ou lhas mostrei? Quantas vezes me despi diante deles ou outras pessoas para nadar nu, ou sem ser para isso? Quantas vezes me demorei a escutar palavras feias? Demorei-me para olhar para algumas pessoas despidas? Quantas vezes?" Henrique Cristiano José Matos, *Introdução à História da Igreja* II, Belo Horizonte, Lutador 1997[5], 163.

compaixão, sem misericórdia, sem compreensão, sem ternura, sem sorrisos e alegria; uma vida de disciplina, de trabalhos, de lutas, de austeridade, de sacrifícios, sofrimentos e cruz; uma vida sem prazeres, casamentos sem afeto e sem alegria na vida sexual; corpos maltratados e desrespeitados pelos próprios fiéis com flagelações e sacrifícios; velhos deprimidos, filhos recalcados, medo do futuro, desconfiança do mundo e da história, política para os políticos, cidades sem cidadania, fé sem esperança. Em suma, uma religião do temo (MELO, 2000, p. 175).

A figura de Deus era para ser temida, como se pode ler em uma das pregações de Dom Viçoso em uma missão popular: "Temamos, pois povo meu amantíssimo, e temamos deveras. Mas não basta um temor passageiro e momentâneo. Espero que, tornando agora para vossas casas, atônitos e espantados do Juízo Final, sabendo que tanto o processo como a sentença daquele dia dependem das boas ou más obras, vos aplicareis seriamente a mudar a vida. Lavando primeiramente com uma boa confissão as vossas desordens passadas e fazendo para o futuro boas obras, e vigor delas, hajais de ouvir, naquele dia, uma favorável sentença que Deus vos conceda. Amém" (MELO, 2000, p. 145).

A Reconciliação em Cristo

Fora todos os exageros que se impregnaram no sacramento da penitência, Frei Bernardino chama a atenção para um retorno à experiência cristã originária, baseada no Mestre Jesus, capaz de apagar o passado de culpa da mulher adúltera, de acolher o filho pródigo e a ovelha que se desgarrara e de dar a todos uma nova oportunidade de seguir em frente. "Reconciliação é comunicar confiança ao outro, como se fosse um novo crédito a um homem que gastou à toa o dinheiro emprestado" (1999, p. 154).

A beleza de um pecador contrito nem de longe pode ser comparada às normas morais: "pessoas reais valem mais que leis e costumes. Pecadores, na concretude de sua miséria, são mais importantes do que pecados nos manuais de teologia moral. (...) Reconciliar não é analisar para trás, mas oferecer nova amizade e paz. E não pecar mais, já deve ter sido o propósito daquela mulher angustiada [pega em adultério]. Saiu em paz, sozinha. Como a sociedade a aceitou depois, o evangelho não conta" (1999, p. 153).

No centro da reconciliação está a humildade do mistério de Cristo Jesus. "Enquanto que o reencontro com as leis pode ser fonte de desânimo e um desgaste da boa vontade incipiente, o reencontro com Cristo é de fato a experiência de misericórdia e redenção" (1972, p. 431).

A Reconciliação na Sociedade

Frei Bernardino reconhece que o modo como se dá a confissão auricular nem de longe esgota a real reconciliação a que a pessoa é chamada. Os laços com Deus podem até ser mais evidenciados, porém, os vínculos sociais, na família e nos outros ambientes, não são algo tão simples, como aquele feito no diálogo a dois, entre o confessor e o penitente. Para demonstrar que somente a administração sacramental não basta, o autor recorda o exemplo de um homem adúltero, pai de três filhos, disposto a abandonar sua amante e reatar os laços com sua esposa.

"Não sabendo o que fazer, falou com um amigo que lhe deu muito conselho e terminou: vai se confessar com um padre fulano. Ele é muito bom. Recebeu esta resposta: meu problema não é confessar. Meu problema é se minha mulher me aceita de novo" (1999, p. 155).

Daí, sua preocupação em valorizar outros métodos que favoreçam a reconciliação da pessoa, desde as "confissões comunitárias", e práticas caritativas, penitenciais, dentre outras, relembrando que, segundo a práxis eclesial, somente os pecados subjetivamente mortais deverão ser confessados de forma auricular (1970, p. 3).

Ao longo da história, houve formas muito diferenciadas de administrá-lo, e hoje, restringir a prática da reconciliação a um só modelo, no caso, a confissão auricular individual, seria algo muito restrito. Somado a isso estão as dificuldades pastorais, como no Brasil, como as distâncias e a falta de presbíteros. Frei Bernardino questiona como a prática eclesial acolhe as comunidades que não têm presbíteros na necessidade cristã de celebrarem a reconciliação. Longe de desprezar a importância do ministro ordenado, o autor vê a necessidade de oficializar as práticas sacramentais comunitárias, para ressaltar o aspecto comunitário da fé.

Outro elemento lembrado por Frei Bernardino é a forma como a sociedade reage diferentemente em relação ao pecado. Enquanto em alguns lugares é problema segurar a mão do namorado, em outros se encaram com tolerância as relações pré-matrimoniais. O que é escândalo na pequena cidade do interior é normal nos grandes centros. "O pluralismo de formas de vida dificulta a uniformidade da especificação do pecado. Assim diminui, talvez, a possibilidade de classificar o ato do pecado conforme lei, mas fica de pé a significação religiosa que ele possui no projeto histórico em execução da pessoa concreta que se vê pecadora diante de seu Deus" (1972, 422).

Como lhe é típico, Frei Bernardino relembra que também com relação à confissão há lugar para o jeitinho brasileiro: "no país do 'jeitinho', o conhecimento da norma ou do dever, seja qual for seu grau, não garante ainda a culpa pessoal, pois acontece que a pessoa aceita a obrigatoriedade da norma em geral, mas é de opinião que sua situação agora cai fora da regra e justifica a exceção" (1998, p. 119).

Ironicamente, Frei Bernardino aponta alguns exageros com relação ao sacramento da reconciliação, muitas vezes encontrados nos autores da área moral: "só este sacramento derrama pela sociedade mais bens e traz mais felicidade ao gênero humano, do que todos os códigos, assembleias, estatutos, leis, do que todas as escolas, academias e universidades, do mundo inteiro, do que todos os planos dos economistas, do que todas as investigações dos filósofos, do que tudo quanto tem inventado o esforço humano para o bem da humanidade" (1984, p. 322).

VI

AVALIAÇÃO CRÍTICA DA OBRA DE FREI BERNARDINO LEERS

Após uma visão no conjunto da produção teológico-moral de Frei Bernardino e nos termos fixados em sua relação com o universo rural de Minas Gerais, é hora de observar com mais criticidade sua contribuição para a teologia brasileira, sobretudo durante sua primeira fase, em que seus trabalhos estiveram diretamente ligados à zona rural. Embora a partir dos anos 70 sua atuação junto à população rural tenha sido de menor intensidade, as relações estabelecidas durante quase duas décadas acompanharam Frei Bernardino ao longo de toda a obra, o que prova que não foi uma paixão passageira, mas que lhe deixaram marcas profundas, capazes de ressignificar uma nova maneira de entender a Teologia Moral no Brasil.

Características gerais da obra de Frei Bernardino Leers

Catequese: anúncio cristão de uma vida integral

O percurso da obra de Frei Bernardino permite concluir que toda a sua atuação no meio rural pode ser lida sob o prisma da catequese, a qual se apresenta como o grande foco de sua atuação no contato com a população rural. Deve-se, entretanto, esclarecer o que o frade entendia por catequese: não uma evangelização doutrinária, abstrata, mas o anúncio de um Deus experimentado no cotidiano da vida, em todas as suas dimensões, desde a saúde, a educação, a ética dos relacionamentos. Era preciso alavancar o homem todo: "Não só um ou outro aspecto dele, mas o homem todo dentro de sua sociedade. Por isso a assistência não devia ser só técnica (aprender métodos de trabalho produtivo), mas também higiene, saúde, educação dos grupos, liderança, religião, habitação, educação cívico-democrática etc. Assistência só podia ser completa se ajudasse o homem em todas as suas necessidades, equilibradamente. Era este o complexo de assistências que garantia o progresso harmonioso do indivíduo e do desenvolvimento completo do grupo social e as possibilidades concretas de soluções".[1]

De igual modo, Dona Veneza Guimarães, companheira de Frei Bernardino no CODAR, reafirmou as mesmas intuições: "Nosso trabalho batia tudo no liquidificador: roça, escola, alimentação, saúde, imunização e religiosidade, mas esta, a religiosidade, fazia parte do contexto, que era todo o campo de atuação do CODAR. A atuação era de forma direta, pois marcávamos nossa presença no meio do povo rural. Não era, de forma alguma, uma atuação de gabinete e nem política partidária. O objetivo é a promoção do homem: promoção gradativa e prudente no cuidado de não ser manipulado politicamente ou na manifestação de opiniões sociais".[2]

Tais iniciativas foram algo arrojado em seu contexto, pois os métodos catequéticos ainda estavam demasiado ligados às perguntas e respostas. O público-alvo não eram as crianças, mas os adultos, sendo que as crianças eram envolvidas no processo mediante sua atuação nas comunidades, não havendo uma catequese infantil estruturada.

O espaço catequético é um lugar em que as pessoas expressam suas individualidades, partilham a vida, procuram a melhor forma de seguir Jesus. Todos se fazem aprendizes do Mestre, sem uma postura de sábios e ignorantes: "Em vez de bancar o único mestre e reduzir os outros a um

[1] MELO Amarildo J., PINTO, Nilo C., FERREIRA Pedro Gondim, "Codar – Conselho Divinopolitano de Assistência Rural, décadas de 60 e 70". Entrevista com Frei Bernardino Leers, Monografia do Curso de Catequese, Pontifícia Universidade Católica de Minas Gerais, 1985, Anexo.
[2] *Idem*, p. 5.

rebanho de ignorantes, atrasados e incompetentes, a sinceridade obriga [o catequista] a reconhecer o muito de autenticidade, de fé experimentada no sofrimento, de boa vontade, de virtude no sentido de força, coragem de viver, de esperança incrível, que vive no coração do povo rural. No intercâmbio que forma o conteúdo, esta riqueza, às vezes rude como a pedra de garimpo, manifesta-se cada vez que, antes de tomar a palavra, o catequista observa o que os outros fazem, escuta o que os outros comunicam, aceita o que os outros explicam de seu comportamento e de seu modo de ver e viver a vida" (1977, p. 572).

Logo em seus inícios, Frei Bernardino relata que uma das primeiras preocupações era formar as lideranças leigas para celebrarem o culto dominical nas comunidades rurais. Para isso, criou um subsídio, inclusive com uma homilia que poderia servir de base para as lideranças. O resultado foi pífio, uma vez que as pessoas não se reconheciam na linguagem do frade, fazendo-lhe então rever seus métodos.

Uma linguagem adequada

A inserção em um ambiente sociocultural pressupõe a capacidade de comunicação entre as partes como um dos elementos de primeira grandeza. De forma diversa do que ocorre naturalmente com o ser humano ao ser introduzido na linguagem de seu grupo, quando este se vê confrontado com outra realidade cultural, o desafio se agiganta. Todos os mais altos estudos em sua própria língua podem não significar nada em outro contexto, sendo necessário ter a humildade de admitir a própria ignorância perante o novo que se apresenta.

Desde o fechamento temeroso perante a nova realidade, até uma assimilação capaz de anular a experiência anterior, o duelo da linguagem deverá ser enfrentado de maneira natural, não apressada, aberta.

Evidentemente, o confronto cultural não se limitará ao nível das palavras, mas estas darão as grandes indicações da relação. Além das palavras, deverão ser aprendidos os costumes, a normatividade não escrita, saber decodificar os gestos, os significados intrínsecos, os meandros não externados, o modo de vida como um todo. Além disso, não basta saber gramaticalmente a língua, uma vez que a população interiorana tem uma gramática particular, para a qual a formalidade erudita pouco ou nada significa.

Analisar a obra de Frei Bernardino sob a ótica da linguagem desvela o cuidado que tinha para ser compreendido e o quanto soube captar da mentalidade popular, em sua valorização corriqueira dos fatos da vida. Seu modo de se dirigir à população rural era rico em estratégias. Frei Bernardino buscava sempre um tema do cotidiano para "preparar o terreno" para o assunto que tinha de tratar. Dois exemplos dão a ideia desse seu método: em um primeiro, ao convidar as pessoas e motivá-las para a semana de alimentação promovida pelo CODAR, o frade compara o corpo com a imagem dos santos: "Se a gente tem uma imagem de santo bonita em casa, a gente não faz de tudo para conservar bem esta imagem? Ora, nosso corpo vai conosco a vida toda. Será que a gente não vai cuidar bem dele? Para ficar forte, sadio, capaz de andar e trabalhar, sem remédio, sem médico em casa?!" Em um segundo exemplo, utiliza a festa litúrgica da Ascensão do Senhor para dizer do progresso que o povo rural estava fazendo ao acatar as propostas do CODAR. "Nosso povo está em plena ascensão (...). Vocês fazem coisas novas, constroem escolas, ajudam os pobres, melhoram estradas, fazem cursos para líderes de culto e para aumentar a produção de leite ou dar comida mais gostosa aos filhos".[3]

Mesmo em revistas científicas e livros, Frei Bernardino inseria elementos linguísticos da cultura popular que não passam despercebidos. Uma das técnicas que mais utilizou foram as comparações corriqueiras, como se pode notar: "O mundo rural tem tanta clareza da presença de Deus que Esse circunda cada aspecto da vida". "Está lá, onde o homem pisa, trabalha, casa, conversa, vive e morre. 'Crer em Deus não é fé, é obrigação', disse o rapaz, 'só burro é que não acredita em nada'". Duvidar da existência de Deus "seria como duvidar da existência do sol ou negar o fato de que carrapato chupa sangue" (1967, p. 32).

[3] Respectivamente, cartas às professoras rurais dos dias 2 e 9 de maio de 1970. Arquivo pessoal de Frei Bernardino. Pró-manuscrito.

Ao dizer da dureza da vida rural, Frei Bernardino constatava a quase ausência de diversões, desde cedo as crianças começam a trabalhar. "Na época do plantio e da colheita, a frequência da escolinha cai como um gavião" (1967, p. 38). Por ser uma ave predatória, capaz de um voo rápido, vertical, em busca de sua presa, foi a metáfora escolhida.

A religiosidade cristã foi comparada com uma árvore do sertão, de pouca folha, de ramos tortos, com parasitas no tronco que lhe chupam a seiva, "seus frutos são genuínos, mas nem sempre são cem por um. A fé não se desenvolveu bem em todos os que se confessam católicos, nem se dá bem com as mudanças de concepção e de estilo de viver que se estão realizando com rapidez desorientadora no mundo rural" (1967, p. 56).

Quando se dispôs a analisar o jeito brasileiro, Frei Bernardino reconheceu a dificuldade de entrar nesse tema. E disse: "quem anda de noite, com uma pequena lamparina, por uma região abandonada, sem estradas ou atalhos, tem de fazer caminho para avançar, sem segurança de chegar, e sem certeza de encontrar o que recompense a viagem" (1982, p. 7).

A vida rural, segundo o frade, não é uma realidade fácil de ser apreendida, mas uma teia embaralhada, cuja percepção se dá de maneira superficial e incompleta. Uma realidade bela, porém, vítima de atraso em seu desenvolvimento. E compara: "o atraso no campo é como um poço lamacento do qual o povo não se pode libertar sem o auxílio de fora" (1965, p. 95).

Quando então o progresso imprime suas mudanças no ambiente rural, essas se dão de modo inevitável, mesmo sob o risco de abafar valores realmente louváveis. "Quem olha um por um os dados da metaética rural mineira, há de compreender melhor como tal extensão e tal profundidade de mudanças devem pôr em cheque todo o quadro da cultura integrada tradicional e levar, de conflito em conflito, para a interrogação fundamental da própria vida e do próprio mundo humano, em que mundivisão, código de valores, normas e religiosidade são envolvidos com a mesma necessidade inevitável com que a cana é puxada para dentro das rodas do moinho moendo" (1970, p. 29).

Onde predominava a vida pacata e serena, agora experimenta os rumores do progresso: "em muitas regiões – dizia Frei Bernardino – a infiltração das novidades é de tamanha extensão, que não parece exagerado dizer que o rio pacato da vida rural já entrou entre as rochas da grande cachoeira que é a atual crise humana social" (1966, p. 335).

A sociedade como um todo, perante as mudanças que ocorrem, é motivo de preocupação quando "o conjunto social se desintegra e as tradições desaparecem como milho na boca do moinho" (1966, p. 335).

Continuando as comparações sobre as mudanças da sociedade, Frei Bernardino descreve um quadro hilário: "Quando tudo fica em seu lugar e tudo está tranquilo, a procissão do povo de Deus não encontra dificuldade de manter a ordem nas filas bem fechadas, todos rezando o terço e cantando os mesmos cânticos. Mas quando de repente uma tempestade cai por cima da multidão devota, a ordem estabelecida acabou e cada um se protege de modo melhor possível, procurando segurança em qualquer canto" (1992, p. 17).

A fluidez do tempo, com suas constantes mudanças e transições foram assim comparadas pelo teólogo: "Uma criança com um canudo de mamão, soprando bolinhas de sabão no ar livre. Os raios do sol entram na brincadeira, criando cores que refletem o arco-íris nas bolhas voadoras. O vento as leva até que explodem e molham, com uma gota, o chão. Tudo leve. Tudo bonito. Tudo muito passageiro" (1980, p. 535).

As palavras, em muitos textos, são agrupadas de forma tal que é possível reconhecer os elementos poéticos em sua descrição. Quem chamou atenção para esse fato foi Lázaro Barreto, poeta de Divinópolis, ao diagramar de forma versificada o texto de Frei Bernardino:

> O mundo sagrado está dentro do mundo cotidiano:
> O intercâmbio é contínuo e frequente
> Entre a população do céu e do inferno
> E a população deste mundo f.d.p, como gritou o bêbado
> Para as estrelas da noite.

Para tudo o que acontece é catolicismo, é Deus,
É milagre, é desgraça, é promessa, é faz-mal,
É castigo, é santo, é sorte, é o diabo.
Nada tem existência isolado. Tudo está na roda
Engrenada da constelação universal de Deus
Onipresente.
Um povo que anda léguas em romaria:
Levar uma pedra na cabeça,
Cumprir promessas pela cura do touro,
Pendurar o santo na cisterna.
Morrer de medo do capeta que joga pedras no telhado:
Eis aí o numinoso universo dos camponeses.
A alma que atrapalha o sono,
A assombração na árvore que o bêbado se enforcou.
O raio que caiu e não matou ninguém.
Deus é grande – e viva Santo Antônio!
Os médicos salvaram a vida da menina:
Tudo é milagre de Nossa Senhora.
O pai mostra as mãos do recém-nascido e diz:
Como Deus faz tudo bem feitinho.[4]

Por esses poucos exemplos, é possível concluir que Frei Bernardino encontrou no universo rural a base onde assentaria suas reflexões teológicas, e o ambiente metafórico para se fazer entender. Imagens como o gavião, o moinho, a tempestade, a bola de sabão fazem parte do cotidiano popular onde o frade atuava, e que ele soube tão bem captar. Ao mesmo tempo, mostra uma preocupação com a forma escrita, não simplesmente organizando gramaticalmente o texto, mas fazendo-o belo.

O problema da linguagem para a teologia moral é um desafio não superado. Por mais que teoricamente haja uma preocupação em atingir o universo concreto das pessoas, favorecendo-lhes participar dos debates éti-

[4] https://lazarobarreto.blogspot.com/search?q=bernardino (postagem de 25.10.2007).

cos nos quais estão inseridos, deve-se reconhecer que ainda há certo abismo entre as formulações teológicas e as práticas cotidianas, causando uma mútua ignorância: das autoridades religiosas perante as práticas populares dos fiéis leigos para com as orientações eclesiásticas.

A abertura ao diálogo

Diversos fatores fizeram com que a Moral de Frei Bernardino se desenvolvesse de forma dialogal. Pode-se pensar que desde sua tese doutoral, na qual unia a reflexão teológica à psicologia, já estava embutida uma preocupação em aproximar a realidade da pessoa concreta ao anúncio cristão. Inspirado pelas propostas conciliares que motivaram a abertura para com o mundo e, sobretudo, alicerçada pela Conferência de Medellín, o frade holandês compôs uma teologia na qual o diálogo era peça fundamental.

O respeito pela outra pessoa é uma constante nos escritos de Frei Bernardino, mesmo que haja discordâncias diametrais entre as partes. Para a Moral Renovada, o diálogo demarca igualmente o lugar teológico onde se pensa a fé, o que no caso latino-americano significou toda a opção preferencial pelos pobres e o engajamento eclesial em favor das populações à margem das práticas do capitalismo.

O diálogo com as ciências humanas foi fundamental para melhor entender a complexa realidade que cercava o mundo dos pobres, fornecendo análises variadas a fim de propiciar uma práxis mais eficaz. "Dois enxergam mais do que um só, completam-se e corrigem-se mutuamente. O diálogo e a convivência com outras pessoas fazem crescer o quadro da realidade de que cada um já possui. O conhecimento e a visão aumentam com a troca de ideias e pontos de vista e com encontros abertos entre colegas e pessoas de outras áreas, teóricas e práticas. Essa troca implica também um elemento crítico e um instrumento de correção na formação progressiva dos conhecimentos a respeito da realidade, com a dinâmica e os dilemas, e nas experiências da vida. Mas é preciso que os participantes do diálogo tenham a mentalidade de eternos aprendizes e não se fechem na torre de sua autossuficiência" (2010, p. 82).

No caso do mundo rural, o teólogo holandês reconhece que deve haver por parte do evangelizador a conciliação entre a mensagem e o público que a recebe. E enfatiza: "Assim, o diálogo, a conversa, a parábola, o atendimento contínuo às perguntas que o povo faz, têm um papel indispensável no processo da evangelização, não apenas pelo motivo pragmático do desnivelamento cultural que muitas vezes há entre evangelizador e povo. Por essa troca de experiências e na comunhão da fé vivida, evita-se o paternalismo, (...) e volta para o lado do agente pastoral a tarefa de cultivar sua sensibilidade para com o povo campesino e compreender sua religiosidade no contexto global de seu mundo vivido" (1975, p. 551).

A grande meta do diálogo para Frei Bernardino é a formação da pessoa como um todo, o crescimento de sua capacidade de análise da realidade, a maturidade que faz as pessoas capazes de caminharem por si. "A educação há de intencionar a maturidade dos cristãos e sua autonomia relativa de iniciativa e ação, em vez de criar apenas eternos dependentes. A esfera de liberdade e abertura, em que diálogo e crítica são mais que palavras enganadoras e vazias, porque são exercidas e praticadas, não é capaz de substituir a autoridade, mas ajuda muito o relacionamento entre a liderança e os liderados a caminho de se tornarem, por sua vez, líderes em seus próprios núcleos de ação e vida" (1977, p. 564).

O diálogo é apresentado como grande parceiro para enfrentar os problemas humanos: "a paz que vem de Deus supõe o respeito pela alteridade do outro, homem ou mulher, idoso ou jovem, e a capacidade de perdoar conforme a reconciliação de Deus celebrada com seu povo. O ser humano concreto em suas limitações é mais importante do que a lei que sem ele nem sentido tem" (1997, p. 128).

Dialogar não é meramente descobrir uma porta pela qual se deposita a mensagem, mas reconhecer nos interlocutores a presença do Espírito que, como o vento, "sopra onde quer", e atua em toda a comunidade. Não é meramente estratégia de *marketing*, mas reconhecimento da presença Divina. O Concílio Vaticano II, ao propor igualmente a ajuda que a Igreja pode dar à sociedade e que essa pode dar à Igreja, parece partir dessa intuição.

"Assim, fica a certeza de que somente uma Moral do Diálogo consistente, que agrupe as pessoas em torno do projeto do Reino anunciado por Jesus Cristo, através de uma adesão livre, fiel, responsável e criativa, pode ser capaz de juntar as muitíssimas vozes necessárias para um concerto realmente harmonioso, aquele que vai preparar para todos a grande e eterna sinfonia" (MILLEN, 2010, p. 48).

A atenção ao momento histórico

As intuições e práticas de Frei Bernardino, repercutidas em seus diversos escritos, podem ser mais bem compreendidas quando se considera o contexto histórico do Brasil nos anos 50 e 60, o que demonstra a grande atenção do teólogo em captar as tendências nacionais e de adaptá-las para seu contexto.

Como já foi dito nesse escrito, a década de 50 representou para o país um momento privilegiado de desenvolvimento. Passava-se do ambiente rural e se descortinava as novidades urbanas, novas oportunidades começavam a chegar à zona rural, causando espanto, desconfiança e sedução nas populações do campo. Alguns elementos merecem destaque, uma vez que podem ser diretamente relacionados na *práxis* do frade: O Movimento de Educação de Base (MEB), apoiado pela CNBB, em 1961, causou muita expectativa em Frei Bernardino e outros adeptos da educação das populações rurais. No entanto, a diocese de Divinópolis não aderiu a esse projeto. Convencido de que o rádio fosse um meio importante para a comunicação, Frei Bernardino começou os programas do CODAR, que levava, sobretudo, informações práticas às populações rurais.

Igualmente na década de 60, o Brasil viveu um período de diversas sindicalizações e, aos poucos, foram incentivados os sindicatos rurais (1962), graças ao apoio do presidente João Goulart (1961-1964). A Igreja na época foi uma grande promotora dos sindicatos (1970, p. 26). Em Divinópolis, Frei Bernardino acompanhou o sindicato rural e o dos operários, ambos influenciados pela Ação Católica. Na vida do frade, é possível recordar que seu pai fora ligado ao movimento sindical na Holanda, inclusive fora preso durante a Segunda Guerra por causa dessa aproximação. Talvez esse exemplo paterno tenha sido um elemento fundamental na vida de Frei Bernardino.

Em níveis eclesiais, o fato pós-conciliar que mais marcou Frei Bernardino foi a Conferência de Medellín, em 1968. Naquela ocasião, o episcopado latino-americano reconheceu as dificuldades na evangelização do continente, mediante a explosão demográfica, as migrações internas, as mudanças socioculturais, a escassez do "pessoal apostólico". A deficiente adaptação das estruturas eclesiais tinha feito com que se adotasse um modelo de conservação, pouco aberto a novas empreitadas de evangelização. A religiosidade popular era vista como balbucios de uma verdadeira religiosidade, mesclada na imperfeição de motivações mistas. Recomendava-se que fosse estudada com mais empenho em nível universitário, e que se esforçasse na evangelização da zona rural e das periferias das cidades (MEDELLÍN, n. 6).

As décadas de 50 e 60 marcam o início da atuação de Frei Bernardino no território brasileiro. Suas práticas devem ser lidas à luz de um contexto específico, como a onda desenvolvimentista, as renovações da Igreja pós-Vaticano II, os acontecimentos ligados ao Governo Federal. Ler a realidade presente e tentar aplicar vias de soluções concretas em seu contexto foi uma das grandes marcas do frade holandês.

Uma ética centrada no sujeito

No campo da ética, deve-se ter em consideração o que representou a segunda metade do século XX. Até aquele momento, a moral era entendida como relação lógica de julgamentos morais e em outras formas e julgamentos, influenciados pela filosofia moral saxônica no campo da metaética, que não pretendia determinar o que o ser humano deve fazer.

A partir dos anos 50 houve uma mudança no campo da reflexão ética, incluindo em seu discurso reflexões relacionadas à libertação sexual, direitos sociais e coletivos, direitos dos animais, preocupações ambientais, manipulação de técnicas. O termo utilizado para tais reflexões foi o de "ética aplicada".

Para Amaury Ferreira, professor da PUC-Minas, a obra de Frei Bernardino apresenta uma preciosa reflexão em torno do que "deve ser feito", sempre em atenção à autonomia do sujeito na elaboração de seu *ethos*, em processo contínuo de construção e desconstrução, estacionado especialmente onde o ser humano se encontra em situação conflitiva. Perante os dilemas, conflitos e deveres, a moral se volta para a pessoa e a responsabilidade de suas escolhas. Desse modo, diz o autor:

"Frei Bernardino está nesse contexto da possibilidade de voltar a responsabilidade de suas escolhas do indivíduo para ele mesmo e a partir daí tentar, à medida do possível, provocar reflexões que possam ser consideradas unidades de referências valorativas" (FERREIRA, 2012, p. 107).

Quando Frei Bernardino apresenta temas como a limitação de filhos, o uso da pílula, aborto, divórcio, a sexualidade humana, homossexualidade, e os remete para o nível da pessoa concreta com seus dilemas e conflitos, evitando abstrações, ele contribui para essa virada ética, sem com isso ter relativizado os valores cristãos.

O Concílio Vaticano II já indicava justamente essa importância do sujeito em suas decisões, ao dizer que "a dignidade humana exige que possa agir de acordo com uma opção consciente e livre, isto é, movido e levado por convicção pessoal, e não por força de um impulso interno cego ou debaixo de mera coação externa" (*Gaudium et Spes*, n. 17).

Centrado na fé cristã, Frei Bernardino tentou dar às angústias humanas um referencial não pautado em projetos pré-fixados, mas centrados no sujeito. Para o Frade, é questionável o apego dos moralistas ao passado, sem vislumbrar o futuro, afinal, é papel da Moral, assim como o deus Janus ter um olhar para trás e outro para frente (para o passado e para o futuro) (2010, p. 13). Se a reflexão da Teologia Moral se estaciona no tempo, com dificuldade em centrar-se no presente em vista de um futuro, correrá o risco de ser mera voz de uma tradição, que aos poucos vai sendo esquecida.

Por longo período, a pregação da vida moral se deu mediante as ameaças de um castigo divino. Prêmio e castigo acompanhavam os fiéis em todas as atividades, deixando um rastro de desconfiança e pavor. "A teologia moral – frisava Frei Bernardino – tinha uma preocupação constante com normas. Era simplesmente um bloco de normas, leis, proibições, tabus. Tudo registrado com sua regulamentação; o que evidentemente interessava muito às autoridades. As autoridades estavam interessadas nessas normas, porque podiam impor a norma, e o coitado do súdito que se virasse" (PEREIRA e TOSTA, 2010, p. 58).

A ânsia de conservação do passado mediante os manuais de teologia moral impedia qualquer inovação do *ethos*, dificultando que o indivíduo se tornasse agente principal de seus atos, exatamente o oposto do que fora pregado por Cristo. Para Frei Bernardino, os manuais de teologia moral "serviram para desanimar qualquer cristão, na ânsia de evitar tantos pecados, o sacrifício da missa era sacrifício de alto risco mesmo, visto que todas as rubricas tinham o carimbo de pecado mortal, venial, certo, provável. Os mandamentos eram uma selva de entradas proibidas, mais aprendizagem e pecados do que estímulo à vida cristã. O tratado sobre a vida sexual era uma lista só de pecados mortais de vida solteira, e vida casada. Graças a Deus era escrito em latim, de modo que não podia escandalizar os pobres leigos" (1987, p. 122).

Para o frade, então, mais que uma moral de proibições, vale uma moral provocativa, que inspire o fazer: "A pergunta fundamental é como a comunidade cristã pode dar maior estabilidade às vidas dos casais, como diminuir o número de abortos por ano, por meios de quais sacrifícios reformarem a vida social, econômica e política. Se a moral focaliza o fazer e, fazendo se realiza nas pessoas e pelas pessoas, há mais coisas que entram na realização do que apenas certas instruções dadas pelas autoridades eclesiásticas" (1987, p. 132).

Há quem veja nesse ponto a maior contribuição de Frei Bernardino para o campo da Moral, pois sua preocupação foi partir da autonomia do sujeito, visto não mais como um ser de pecado, mas de sentimentos, "não um objeto, inerte, mudo, surdo, passivo, mas um ser em pura atividade, e com novos valores, um ser que duvida, que questiona, enfim, um ser humano que merece respeito" (FERREIRA, 2011, p. 7).

Caberá, dessa forma, uma escuta atenta à realidade popular, captar seus anseios e conflitos, entender sua vida e seus desafios. Não simplesmente ensinar-lhes normas proibitivas que, em vez de fomentar ações de engajamento, cercam o humano de tal forma que o fazem sufocar.

"É o campo da autonomia e da liberdade sendo construído em conjunto. Essas perspectivas de educação para o ser pessoa livre e responsável colocam Frei Bernardino em destaque na vida eclesiástica especialmente no meio dos moralistas católicos. É uma nova forma de compreender os fiéis nesse conflito de desejos e dilemas humanos dentro da verticalidade religiosa. Essa preocupação com o mundo vivido da pessoa e nessa escuta sábia do povo levou-o a propor uma ética do confessor centrado na pessoa" (FERREIRA, 2011, p. 12).

No entanto, perante todo esse quadro, vale a provocação que o frade fez a respeito da vocação dos teólogos moralistas: "no canteiro de obras humanas em sua entrada está afixado o aviso: 'vagas para teólogos moralistas que têm coragem'" (2010, p. 24). E conclui o filósofo: "foi assim com Frei Bernardino uma vida que em seus escritos mostra que a dignidade ética pode também ser cristã e católica desde que acompanhe os problemas do tempo vivido" (FERREIRA, 2012, p. 122).

Leituras possíveis da obra de Frei Bernardino Leers

Acompanhar o processo de renovação da Teologia Moral no Brasil faz emergir a contribuição de Frei Bernardino. A presente sessão baseia-se primeiramente em depoimentos a respeito da importância do teólogo holandês, completados por outras características relevantes de sua pessoa para esse importante período para a teologia brasileira.

Depoimentos sobre Frei Bernardino

Pioneirismo e Renovação

A conjugação entre a reflexão teórica e a prática pastoral, muito incentivada por Frei Bernardino, foi reconhecida por várias pessoas. Segundo o frade, essas duas realidades constituem como que "as pernas" com as quais o teólogo moralista deve caminhar. Sem a pastoral, haveria o risco de se tornar um "intelectual de gabinete"; sem a reflexão, são se produz teologia (2010, p. 16).

Um dos que mais apreciou essa maneira de Frei Bernardino foi seu confrade, ex-colega de magistério, Dom Aloísio Lorscheider (1924-2007). Segundo ele, Frei Bernardino não ficou só na teoria, "foi para a prática. Ele foi para a roça. A assistência sacerdotal que Frei Bernardino dava na roça não era só assistência, ele procurava observar e entender as pessoas da roça. Foi sempre uma sua característica. Ouvir as pessoas e procurar entendê-las. É o que hoje na ação pastoral tanto se sublinha. Ora, mais uma vez, Frei Bernardino aí está para nos ensinar" (PEREIRA e TOSTA, 2000, p. 11).

As opiniões de Fráter Henrique Cristiano Matos, historiador e por muitos anos colega no magistério de Frei Bernardino, e Frei Antônio Moser, teólogo moralista franciscano, atestam que na vida de Frei Bernardino essa junção não se constituiu mero desejo, mas pôde ser observada em sua *práxis*. "A brilhante inteligência de Frei Bernardino não se perde em abstrações de gabinete, mas está sempre a serviço da pastoral (...). Bernardino foi pioneiro na reflexão teológica e pastoral referente à formação de comunidades cristãs no meio do povo, com maduro engajamento dos próprios leigos. Nesse campo tem méritos singulares e de grande alcance" (MATOS, 2010, p. 10-11).

Como renovador da Teologia Moral no Brasil, sua atividade teve duas fases: "Uma primeira, na qual os teólogos procuram jogar por terra o moralismo casuísta, e uma segunda, na qual tentaram, à luz do Concílio Vaticano II, construir uma concepção moral mais bíblica, mais cristológica, mais atenta aos sinais do tempo. Frei Bernardino foi um dos que se colocaram na vanguarda nos dois momentos. Tendo muito presente a crise da moral tradicional, nem se preocupou em esculpir uma alternativa de moral renovada. Mas através de suas 'pílulas', ao mesmo tempo em que dinamitava, construía uma nova mentalidade" (MOSER, 2010, p. 15).

Um dos aspectos mais característicos da produção teológico-moral de Frei Bernardino foi ter entranhado na moral popular, o que vacinou o frade de todo o risco de abstração ou de se perder em discussões fora do contexto concreto da realidade vivida pelo povo. Sua obra é dotada de uma grande coerência interna e incidência na realidade, como atesta o jesuíta José Roque Junges.

Para Frei Bernardino, "a Moral está intimamente ligada à pastoral. Rejeita puras abstrações, porque tem uma contínua preocupação pastoral com a incidência de qualquer tema da Moral com a vivência concreta do povo. Daí sua constante alusão ao *ethos* popular". E continua: "É o autor que mais refletiu sobre o sentir moral do povo, especialmente o povo simples do interior mineiro, podendo ser apontado como o responsável pela introdução dessa perspectiva no cenário teológico-moral do Brasil" (JUNGES, 2010, p. 163).

Rigorismo e humor popular

O contato com a mentalidade popular deu a Frei Bernardino a perspicácia de entender como o povo simples reage perante as agruras da vida ou diante das autoridades. Apesar de aparentemente mostrar-se indefeso e submetido a todas as ordens que as autoridades dessem, o povo aprendeu uma forma de se defender e, ao mesmo tempo, criar novo ânimo nas dificuldades. É nesse contexto que o frade interpreta o humor popular:

"À primeira vista, humor e moral não combinam (...). Na longa tradição dos manuais de teologia moral em latim e português, a moral assemelha-se a uma velha baronesa viúva, alta e magra, sempre vestida de preto, de rosto fechado, sisuda, de olhar severo, que vê tudo e controla tudo. (...) No entanto, praticando o bem e o mal, construindo e destruindo o mundo humano, o povo sabe rir e divertir-se muito bem, e saboreia no meio da vida sofrida e frustrante aquela leveza de ser que uma boa história ou piada provoca" (2007, p. 10).

Para Frei Carlos Josaphat, moralista dominicano, o humor na obra de Frei Bernardino assume ares de mística evangélica, na contemplação do Amor Divino, fonte de alegria. Assim, o franciscano foi demolindo o edifício de mau-humor que rondava a vida cristã mediante uma moral de obrigações e pecados (JOSAPHAT, 2010, p. 67).

A justa consideração das realidades do mundo não poderá prescindir do amor, afinal, essa é a grande identidade cristã (cf. Jo 15,12). Se alguém pretende assumir um ministério na Igreja, alerta frei Carlos Josaphat: "Aceite ser interrogado por três vezes se ama de verdade, se já tem olhos, inteligência e coração repletos e transbordantes de amor. Aí, dá para ser pastor. A infelicidade da Igreja e do mundo é que há muito pastor de cajado na mão, sem ter sido aprovado no maravilhoso e delicado exame do amor. Não é exagero. Não há encarecimento ou enfeites literários nesses dizeres. Nada mais exprimem do que a simples mensagem do Evangelho. Se for acolhida e vivida com a radicalidade e a ternura de São Francisco, estará aí então o 'jeito' de Frei Bernardino, com sua renitente e paciente utopia, mais seu humor, risonho e, por sinal, imbatível" (JOSAPHAT, 2010, p. 71).

O modo sereno como Frei Bernardino tinha de encarar os desafios apresentados também foram recordados: "No convívio com as pessoas e na arte de ensinar e aprender como viver bem, na garantia do sentido que nos fortalece, precisamos adquirir o espírito do palhaço, a curiosidade da criança e a sábia paciência do burro. Estas são as melhores lições que aprendi com o Frei. Sua finura intelectual, sua constante disposição para o diálogo sincero e aberto e seu bom humor, mesmo diante das dificuldades da vida, foram para mim como uma tocha acesa no desbravamento de caminhos nem sempre fáceis de trilhar" (MILLEN, 2010, p. 46).

A moral de Frei Bernardino é realmente uma moral das bem-aventuranças em sua louvação a todos os "felizes" que agora choram, que passam por privações. Humor que aponta a alegria dos convidados para o banquete nupcial. Que relativiza a seriedade do tempo presente por ter firme esperança de que esses sofrimentos não têm proporção com a glória futura, prenunciada no sorriso dos redimidos, na gargalhada dos que amam e se sentem amados, entre os irmãos e, sobretudo, pelo Bom Pai do Céu. Alegria brotada da mesma fonte de Cristo, que exultou no espírito por saber que o Pai esconde suas coisas aos sábios e inteligentes, sisudos e donos da verdade, para revelá-las aos pequenos e simples que sabem levar a vida com bom humor. Não como quem já chegou à meta, mas peregrinos e caminhantes, rumo à plenitude de suas vidas. Uma Moral que leva a sério a complexidade do pecado e a alegria da redenção.

A linguagem fenomênica

O modo de Frei Bernardino expor suas ideias pode-se dizer que não é convencional. Por vezes, parece disparar o que lhe vem à mente, sem muita preocupação de ordem. Em vários de seus textos é possível notar que prefere um estilo simples, em que o tema em questão é lido de diversos ângulos, antes de entrar propriamente em sua análise mais pormenorizada. Prefere mostrar os fatos a conceituá-los.

Mesmo podendo contar com uma secretária, para alguns, Frei Bernardino mostrou um bom domínio da língua portuguesa, além de conseguir captar as sutilezas do modo popular de agir e falar. "É suficiente ler os escritos para dar-se conta da riqueza da linguagem. O próprio estilo adotado por Frei Bernardino, que eu chamaria de estilo fenomenológico, já que ele coloca diante dos olhos do leitor toda a situação fenomênica para depois entrar fundo no conteúdo, exige um bom conhecimento da língua" (LORSCHEIDER, 2009, p. 11).

Em suas exposições e escritos era sempre necessário buscar um fio condutor, "pois seu estilo pouco tinha a ver com uma lógica cartesiana. Seu estilo de aparente repentista nordestino, que vai semeando ideias dispersas que lhe vêm à mente na hora, sugere, sempre à primeira vista, que não havia preparado muita coisa. Ledo engano" (MOSER, 2010, p. 14).

Vale aqui uma exemplificação sobre o modo que muitas vezes tinha de iniciar seus textos. No caso, está refletindo sobre "Religiosidade popular em caminho para Deus". Primeiro parágrafo: "Sentado de cócoras, tranquilo, estava o caboclo, esperando condução. Cheguei. Cumprimentei. Mas a prosa não saiu. Ele ficou em silêncio, olhando o vasto panorama de terras trabalhadas, gado, matas contra os bastidores imponentes da serra com o sol clarinho no azul. A condução demorou. O caboclo, chapéu para trás, quietinho, contemplando o universo local. De uma vez virou para mim e disse: ó frei, como Deus faz as coisas bem-feitas. Nenhuma palavra a mais. Silêncio. Até que finalmente chegou o caminhão leiteiro" (1996, p. 238).

Para o Padre Alberto Antoniazzi (1937-2005), presbítero da arquidiocese de Belo Horizonte, por muitos anos assessor da CNBB, ter convivido com Frei Bernardino significou um elemento decisivo: "Foi o estímulo corajoso, o espírito lúcido, o 'aguilhão' que não deixa acomodar, a exigência do realismo e do rigor, o inimigo do ideologismo fácil e o partidário de um empirismo, que procurava manter os pés no chão. Todos aprendemos muito com ele. Aprendemos mais do que conseguimos explicitar. Quase por osmose, assimilamos algo de seu espírito, de suas posturas intelectuais, e hoje não saberíamos mais distinguir exatamente o que nos veio dele. E não é este o melhor mestre, o que ensina a pensar?" (ANTONIAZZI, 2000, p. 15).

Homenagens póstumas

Por ocasião da morte de Frei Bernardino (4.6.2011), houve várias publicações e depoimentos a seu respeito. Aqui, apresentam-se três, de contextos diversos:

Em nota, a Faculdade Jesuíta de Belo Horizonte assim se expressou por meio do padre Geraldo Luis de Mori, à época, coordenador do curso de teologia: "Homem atento ao agir concreto do povo cristão, elaborou ao longo dos anos uma reflexão exigente, crítica, aberta aos grandes temas da moral cristã e em diálogo constante com a situação cambiante do tempo em que viveu. Isso se expressa em suas publicações, marcadas por um agudo senso de observação, uma profunda liberdade de expressão e um exigente olhar crítico".[5]

O jornal "Gazeta do Oeste", de Divinópolis, também publicou uma nota: "Foi mestre proficiente; homem de cultura singular, teólogo voltado para os humildes e para as muitas pequenas coisas que formavam o universo de sua sabedoria. Bernardino enxergava através das montanhas e

[5] http://www.faculdadejesuita.edu.br/ler_conteudo.asp?id=1137 (2.8.11).

separava com discernimento incomum o que era do bem, ou do mal. Por isso viveu vida leve dos que têm respostas para todas as mazelas humanas e se foi em silêncio, a exemplo dos que abandonaram seus tesouros, como os moluscos, que à medida que se deslocam, vão deixando rastros luminosos para trás".[6]

Leonardo Boff, durante o Congresso da Soter, em Belo Horizonte, também prestou homenagem ao frade holandês: "Frei Bernardino foi um extraordinário professor de teologia moral. O típico dele era a coragem, a *parresia* evangélica. Dizia a verdade. Se agradava os bispos ou não... abordou as questões do homossexualismo, de moral sexual, aborto, e outra coisas que eram conflitivas. Abordava a todos com serenidade. Um homem de Deus. O livro precioso dele é o 'jeitinho brasileiro e a norma absoluta', falando no jeito brasileiro de passar a perna até no diabo. Era aquela pessoa que não teve a visibilidade que muitos de nós, Libânio, Beto e eu tivemos. Mas ele estava nessa linha da Libertação. Era uma moral de liberdade. Ele usava o extremo bom senso de um holandês, prático, para decidir o que é justo e reto. Cada um tem de decidir por si mesmo, consultar sua consciência, imediatamente diante de Deus. Então, esta homenagem eu quero prestar a este confrade tão querido".[7]

Outras características da teologia de Frei Bernardino Leers

O teólogo como mediador

A análise dos escritos de Frei Bernardino faz visualizar o papel do teólogo, sobretudo o moralista, dentro do corpo eclesial. Imerso entre o horizonte popular, lidando concretamente com os desafios e as conquistas do povo, sabe ler à luz da fé tais acontecimentos. Por ter acesso direto às formulações e propostas Magisteriais, foi um interlocutor privilegiado, auxiliando na formação da consciência cristã à luz da Palavra de Deus e vivência da comunidade eclesial.

[6] http://www.g37.com.br/index.asp?c=padrao&modulo=conteudo&url=2811 (7.7.11).

[7] BOFF, Leonardo, "Teologia da Libertação: fazendo memória e olhando para o futuro", Sociedade de Teologia e Ciências da Religião, Universidade Católica de Minas Gerais, 12 de julho de 2011 (transcrição de gravação).

O moralista está entre esses dois universos, os fiéis leigos, em sua vivência de força e debilidade, e o Magistério, em seu papel de orientação pastoral desse povo. Por vezes, entre esses dois mundos criam-se hiatos, dificultando o diálogo verdadeiro, em certas desconfianças de que os responsáveis da Igreja estão muito afastados da base para ter qualquer possibilidade de falar da ética do povo. Caberá assim ao teólogo ajudar nessa aproximação, a qual visa à edificação dos fiéis à estatura de Cristo (Ef 4,13).

O diálogo entre o povo cristão e o Magistério poderá ser lido em chave de alteridade, uma vez que o Magistério representa para os cristãos uma possibilidade privilegiada para se desinstalar pelo Outro. "É próprio do Espírito promover a comunhão ao mesmo tempo favorecendo a diversidade dos membros do corpo de Cristo. Também quando os pastores exercem em verdade seu carisma de discernimento ético, eles só podem favorecer a justa articulação do Mesmo e do Outro que está no coração de toda a moral autêntica" (THEVENOT, 2008, p. 83). Dessa forma, haverá, da parte do povo, uma virtude central para a Sagrada Escritura, a hospitalidade:

"Um texto do magistério é, de algum modo, como um hóspede que recebemos em nossa casa. Ele incomoda nossos hábitos, desmascara nossas estreitezas, obriga a nos reapropriarmos de maneira mais verdadeira e mais aberta de nosso espaço e, finalmente, provoca-nos ao diálogo. Por isso, para o povo cristão, acolher a palavra do Magistério não é nem se demitir de suas responsabilidades, nem se submeter passivamente, mas se colocar de novo em movimento para tentar progredir na fidelidade à Palavra de Deus. Entretanto, esse se pôr a caminho supõe que estejamos bem esclarecidos sobre as competências exatas do Magistério no domínio da moral" (THEVENOT, 2008, p. 83).

O Magistério nunca poderá substituir a consciência dos fiéis, em sua solidão radical, onde está a sós com Deus. Sua missão, antes de tudo, é alertar a toda a Igreja que a razão última de viver e de agir se encontra no Deus de Jesus Cristo. Ao mesmo tempo, deverá ser o "vigia profético" que alerta para o respeito e o amor pelo outro, denuncia a exploração, o esmagamento do pobre.

Para o teólogo holandês, "tanto os pronunciamentos do Magistério, quanto as teses dos moralistas são duplamente secundários. O verdadeiro acontecimento histórico primário é a própria consciência moral cada um, com suas luzes e seus limites. Na perspectiva eclesial, está sensivelmente inter-relacionada às formas epocais do senso moral do povo de Deus, em que a vivência da fé, a experiência e sabedoria da vida e o conhecimento científico se misturam" (1991, p. 87).

A palavra do Magistério não deverá ser engessada, em um risco de ser considerada eterna, mas lida em um contexto preciso, a fim de ser luz em cada época. Segundo Frei Bernardino, as diretivas mais concretas da Igreja "não só dependem de uma série de pressupostos culturais, filosóficos e teológicos e respondem a determinados problemas no contexto contemporâneo; são também relativizadas pelo grau diverso de importância e aplicabilidade que eles têm nas condições históricas em que católicos, como indivíduos e grupos, encontram-se e têm possibilidades reais de agir com eficiência" (1995, p. 715).

Da mesma forma, a Sagrada Congregação para a Doutrina da Fé, ao dizer da Vocação Eclesial do Teólogo, reconhece que deve haver certa relativização dos enunciados magisteriais, os quais se justificavam em determinado contexto e que em um tempo seguinte pode ser difícil de ser apreendido.[8]

O documento citado sobre a vocação dos teólogos apresentou alguns elementos que podem ser visualizados na prática de Frei Bernardino Leers em sua contribuição específica à Teologia Moral (destaques nossos): "A tarefa própria à teologia de compreender o sentido da Revelação exige o uso de aquisições *filosóficas* que forneçam um sólido e harmônico conhecimento do homem, do mundo e de Deus, e possam ser assumidas na reflexão sobre a doutrina revelada. As *ciências históricas* são igualmente necessárias aos estudos do teólogo, antes de tudo pelo caráter histórico da própria revelação, que nos foi comunicada em uma história de salvação. Deve-se enfim recorrer, também, às *ciências humanas*,

[8] Cf. CONGREGAÇÃO PARA A DOUTRINA DA FÉ, *Donum Veritatis*, Instrução sobre a vocação eclesial do teólogo, 1990, n. 24.

para melhor compreender a verdade revelada sobre o homem e sobre as normas morais de seu agir, colocando em relação com ela os resultados válidos destas ciências. Nesta perspectiva, é tarefa do teólogo assumir da *cultura* de seu ambiente elementos que lhe permitam melhor iluminar um ou outro aspecto dos mistérios da fé. Tal tarefa é certamente árdua e comporta riscos, mas é em si mesma legítima e deve ser encorajada" (*Donum Veritatis*, 1990, n. 10).

O apoio da filosofia, das ciências sociais e humanas, a contribuição da cultura local deram a Frei Bernardino um olhar multidirecionado que o levou a apresentar a fé cristã de maneira a ser realmente boa notícia, em meio a realidades, por vezes, desafiadoras e angustiadas.

A pluralidade no seio eclesial não é vista pela Congregação como algo negativo dentro da Igreja. Ao contrário, mostra a riqueza dos mistérios de Cristo, que quer que todos sejam um (Jo 17), desde que não se anulem perante o outro: "Ainda quando a colaboração se desenvolve nas mais propícias condições, não é impossível que nasçam entre o teólogo e o Magistério certas tensões. O significado que a elas é dado e o espírito com que são encaradas não são indiferentes: se as tensões não nascem de um sentimento de hostilidade e de oposição, podem representar um fator de dinamismo e um estímulo que impele o Magistério e os teólogos a cumprir suas respectivas funções praticando o diálogo" *(Donum Veritatis*, 1990, n. 25).

Cabe aos teólogos igualmente a edificação do povo de Deus, por meio da evangelização. "Se, como pode acontecer, encontrarem dificuldades por causa do caráter de sua investigação, eles devem procurar solucioná-las mediante o diálogo confiante com os pastores, no espírito de verdade e de caridade, que é o da comunhão da Igreja" *(Donum Veritatis*, 1990, n. 40).

Frei Bernardino sempre foi muito atento às propostas magisteriais, não se limitando a repeti-las. Nessas horas, destilava críticas veladas ou vociferava aos quatro ventos as contradições que encontrava. Essa sua crítica é um dos elementos que caracterizaram a produção do frade, a ponto de seu irmão na Ordem Franciscana se interrogar: "como um homem tão mordaz escapou ileso em tempos nem sempre tão tranquilos?" – e vem a resposta: "ele nunca conseguiu esconder o que estava por trás de suas palavras e atitudes: o frade menor. Ora, esse é o melhor retrato do frade menor, e também é o melhor retrato de Frei Bernardino: não se acha lá grande coisa. No fundo, ria de si próprio. Por isso mesmo ninguém ousava tocá-lo" (MOSER, 2010, p. 16).

A maneira crítica de Frei Bernardino evidentemente não era aplaudida por todos, "mas até agora não encontrei ninguém que colocasse em dúvida seu grande amor à Igreja do Vaticano II, particularmente no que toca à valorização do povo cristão que, nas bases da Igreja e da sociedade, testemunha sua fé no quotidiano da vida" (MATOS, 2009, p. 11).

Em diversos trabalhos é possível perceber a tentativa do frade em aproximar mutuamente o Magistério e o povo. Para isso, faz-se necessário que todos se ponham como discípulos de Cristo, eternos aprendizes do Mestre de Nazaré: "todos estão no mesmo caminho, cada um ajudando os irmãos conforme o carisma e a missão que recebeu. Não há monopólio da palavra de um lado e silêncio passivo de outro, pois a palavra de Deus pode comunicar-se até pela boca das crianças" (1991, p. 21).

O anúncio da misericórdia divina

Sobretudo vindo de sua prática de confessor, a insistência na misericórdia divina é outro elemento que deve ser lembrado ao se falar da contribuição de Frei Bernardino para a Teologia Moral. Em sua experiência, encontrou-se tanto com pessoas cuja consciência era marcada pelo rigor do pecado, influência da mancha Jansenista no universo popular mineiro, quanto pessoas do clero, mais levadas pelo rigor da lei do que pelo resgate das pessoas.

O rosto da Igreja, para Frei Bernardino, deve ser a misericórdia, a reconciliação, ajudar a pessoa a se integrar na vida e no grupo humano, dando-lhe nova oportunidade e alertando para o bem a ser feito. Em sua prática e em seus escritos percebe-se a capacidade que o frade tinha de se relacionar com determinadas situações que comumente eram condenadas pelas demais pessoas. "Os raciocínios – insistia o frade – podem ser de lógica impecável, mas a vida humana não se reduz a uma lógica intelectual, nem o Deus de Jesus se reduz a legislador e juiz "sem face humana" de compaixão, misericórdia e tolerância, paciente para aguentar erros durante séculos. De um lado, há quem se apoie rigorosamente na lei e se sinta seguro por defender a ordem; de outro, há pessoas que vivem na insegurança e incerteza, mas confiam que a justiça de Deus inclui uma extremada misericórdia".[9]

Perante os novos desafios da humanidade, por vezes a Igreja não sabe captar essa novidade ética. "Isso exige humildade e atitude dialogal, não pretendendo ter respostas prontas e perenes, muito menos se apresentando como juíza impondo preceitos. O problema é que a Igreja passa uma imagem de contínua condenação, e não de ajuda na busca" (JUNGES, 2004, p. 9).

Serenamente, Frei Bernardino era capaz de se enveredar por assuntos espinhosos, cujo melindre poderia deixar muitos sem uma posição clara a ser tomada. Dotado de grande prudência, mas reto em expor sua opinião, Frei Bernardino relembrava sem delongas a maneira cristã de se relacionar com os homens e as mulheres, partindo da prática do Mestre Jesus.

Em certas situações, o temperamento impetuoso de holandês lhe fazia capaz de escandalizar as almas piedosas. Ao mesmo tempo, era alguém impulsionado pelo otimismo a toda prova. Acreditava que, em meio às contradições do mundo presente, a Igreja deva se apresentar muito mais como mãe do que como juíza, colaborando assim para que seus filhos encontrem o verdadeiro caminho da realização.

Para Frei Bernardino "o que está em jogo é a pretensão de alguns setores de anteciparem o juízo de Deus, e perdendo assim a consciência de que nossa missão como Igreja é a de estender a mão justamente aos que parecem completamente perdidos e desgarrados" (MOSER, 2010, p. 24).

---

[9] Bernardino, "Teologia Moral e a práxis dos casais católicos", in *Perspectiva Teológica* 36 (2004) 359. Um detalhe curioso é notar que no livro sobre o 'Ministério da Reconciliação' a palavra 'pecado' não foi utilizada por Frei Bernardino nem uma única vez nos títulos e nos subtítulos, enquanto a palavra 'reconciliação' aparece 6 vezes (entre títulos e subtítulos). Talvez seja algo que revele as intuições de fundo do frade, mais preocupado com a vida que renasce do que com o pecado cometido.

E continua Antônio Moser, "atrás de certa impetuosidade se esconde um homem, que não apenas veste burel franciscano, mas que a exemplo do Mestre, por vezes julga necessário pegar um chicote e expulsar os vendilhões do templo. Em outros termos, trata-se de uma reação diante de certas posturas muito rígidas, próprias de quem não conhece a fundo a problemática, e, sobretudo, de quem não sabe assumir suas próprias franquezas" (MOSER, 2010, p. 25).

Alberto Antoniazzi, em seu depoimento sobre Frei Bernardino, dizia que antes de conhecê-lo ouvia dizer de seu jeito "seco", mas, ao final, concluía: "é a pessoa mais humana que encontrei". Ao mesmo tempo, reconhecia igualmente que era a pessoa mais crítica que tinha conhecido. E explica: "O espírito crítico nasce da mesma paixão pelo humano, agora movida pela paixão da verdade, da autenticidade da convicção que nunca presta um bom serviço à pessoa e à comunidade mentindo, escondendo, ocultando, jogando com as 'meias verdades'. E para dizer a verdade, confesso aqui a minha impressão de que Frei Bernardino sempre teve certo gosto de provocar interlocutores (padre, bispos, inclusive) nas suas conferências, suscitando debates fortes e, às vezes, uma reação um tanto agressiva daqueles que ficavam abalados em suas convicções. Assim, também mostrava que não estava em busca de sucesso pessoal, muito menos de bajuladores. O que apreciava era a verdade e a liberdade, a verdade que liberta" (ANTONIAZZI, 2000, p. 14).

O respeito pela cultura popular

O contato com a realidade interiorana de Minas Gerais causou em Frei Bernardino um grande espanto. Tudo lhe soava novo, desde o modo como as pessoas se relacionavam entre si até suas práticas de fé. Em seus escritos, nada soa deboche ou de menosprezo pela cultura popular, tão diferente da sua. Um exame dos escritos do frade indica justamente o contrário: há uma atitude de escuta e respeito que, mesmo situados em um horizonte desafiador, não revela em momento algum um juízo desrespeitoso dos valores encontrados. Várias vezes Frei Bernardino se expressa como quem não aprova determinadas práticas da cultura e religiosidade popular, porém, sem nunca proferir imprecações desrespeitosas.

Fez-se aprendiz. Quis ouvir, antes de tudo. Soube captar as nuances internas da nova cultura que se lhe apresentava. Em um momento seguinte, viu onde estavam as lacunas daquela realidade, e a partir daí começou sua ação, insistindo na saúde, na educação, na formação religiosa do povo. Aquilo que não merecesse aplauso, não o recebeu. E tudo aquilo que fosse digno de elogio, não ficou às sombras nos escritos do frade holandês.

O povo simples foi seu porto seguro. Sem descartar a contribuição das ciências humanas e outras áreas do saber, sua moral se estabeleceu a partir do sujeito popular concreto. Todas as falas da Igreja foram interpretadas à luz das pessoas interioranas, de pouca leitura, mas de espírito muito cristão. Para ele, se a voz do evangelho não fosse ouvida e entendida pela população simples, sua eficácia estaria comprometida, uma vez que é justamente a eles que a Boa-Nova se dirige (cf. Lc 4,18).

Sua moral não foi produzida em um gabinete fechado, isolado, em verdades pré-formuladas. Foi construída a partir de um contato real com a população interiorana, vista por muitos setores da Igreja como 'boa, mas ignorante'.

Quando então passou a se preocupar com outros temas da moral, como a família, a terra, o diálogo eclesial, levou consigo o referencial do *ethos* rural, de vida simples, mas de sofrimento imenso. Não podia cair na tentação de dar respostas evasivas ou catedráticas que não incluíssem os agentes concretos nas decisões a serem tomadas. Era preciso, antes de tudo, ouvir os envolvidos no debate, ler a presença de Deus nas situações de conflito, dor e festa, para daí intuir um agir que fosse o mais próximo possível da proposta do Mestre de Nazaré.

Jesus foi o mestre da misericórdia, assim, seus seguidores não deveriam se portar como juízes ferrenhos dos pecadores. Assim, o cristianismo será não uma religião do peso, do medo, da punição eterna, mas a religião dos libertos, dos redimidos, dos que exultam de alegria por lhes ter sido revelado os segredos do céu (cf. Lc 10,21).

Bom humor, misericórdia, diálogo, empenho pelo projeto de Jesus, uma receita que Frei Bernardino aprendeu e que continua a ensinar.

O Significado de Frei Bernardino para a Teologia Moral no Brasil

A evolução de sua proposta

De modo geral, apesar de ter afrontado temas bastante diversos, o modo como Frei Bernardino o faz mostra bastante coerência de pensamento. Mesmo que os escritos das décadas de 50 e 60 estejam mais voltados à pastoral rural e os das décadas seguintes mais abertos a outras questões morais, não é fácil perceber que o frade tenha avançado ou mudado de opinião sobre determinado tema. Por vezes, não é possível nem mesmo predizer em que época um determinado artigo foi escrito, visto que a unidade de seu pensamento não se condiciona pelo passar dos anos. Não que tenha um pensamento fixo ou rígido, mas as linhas gerais de seus posicionamentos se mantiveram.

Há, no entanto, um detalhe curioso em sua obra, ligado à questão das pessoas homossexuais. Em vários escritos, Frei Bernardino se dedicou à reflexão da acolhida eclesial dessas pessoas. O primeiro desses escritos é de 1988 ('Homossexuais e ética da libertação'). O posicionamento do frade a esse respeito não é algo panfletário, mas de inclusão de todos ao redor do Mestre Jesus, sem discriminação.

Mais que se deter com as "causas" da homossexualidade, Frei Bernardino se preocupa em como a sociedade e a Igreja reagem perante tais pessoas. Pensa que o termo 'homossexual' seja demasiado genérico para falar das experiências concretas de cada pessoa nessa condição. Suas reflexões foram na linha da libertação. Assim como se deu com os negros, as mulheres, os pobres em geral, atualmente se deve considerar a exclusão dos homossexuais.

Desde o livro "O Ministério da Reconciliação: uma ética profissional para confessores", cuja primeira edição é de 1988, até "Homossexuais e Ética Cristã", de 2002, há algumas diferenças significativas na maneira de o frade se posicionar perante a homossexualidade. O contexto do primeiro livro é a práxis dos confessores, sendo que a referência à homossexualidade se dá em duas pequenas frases, não sendo o foco de sua preocupação naquele momento. Não se deve, de antemão, pensar que tenha ocorrido uma virada entre a condenação e a acolhida, mas na maneira de compreender o assunto.

O texto sobre a ética dos confessores traz duas frases sobre os homossexuais (destaques nossos): a) "a amizade de homossexuais significa aqui a convivência erótico-sexual de duas pessoas do mesmo sexo, sejam homens, sejam mulheres, ambos estruturalmente homossexuais *sem previsão de cura* ou possibilidade de tratamento terapêutico adequado"; b) "Também neste contexto não há lugar para uma negação radical da absolvição; há lugar para medir a boa vontade do outro e suas possibilidades reais de ser cristão, apesar de sua *anomalia psíquica*" (2008, p. 172 e 177).

Ambas as citações expressam uma mentalidade que, embora ainda faça parte de alguns círculos, era praticamente a voz comum em torno da homoafetividade, como alguém passível de cura (logo, doente), e psiquicamente distorcido. Como no livro para confessores não elabora a fundo a questão, torna-se difícil fazer afirmações mais precisas sobre o que Frei Bernardino compreendia por homossexualidade naquele período. Deve-se, porém, reconhecer que a relação que propõe entre o confessor e o penitente homossexual seja de acolhida sincera, sem julgamentos demasiados, além da matéria confessada.

As orientações que o frade fazia incluem no mesmo exemplo as pessoas cujo matrimônio fracassou. A estas, aos homossexuais e a tantos outros casos complexos do exercício da vida cristã, vale recordar: "A questão não é a aprovação da solução limitada de emergência que o penitente deu. Compreendendo prudentemente a necessidade relativa em que ele se encontra, o ministro não o jogará mais ainda no abismo, lembrando-lhe leis que ele não consegue alcançar mais; muito menos há de condená-lo ou tratá-lo com dureza farisaica. Conversará com calma. Acolhê-lo-á com simpatia, tratá-lo-á com compreensão, sem excluir aprioristicamente a possibilidade da reconciliação com Deus enquanto continuar o segundo convívio matrimonial. Algo semelhante seja feito com as pessoas que vivem casadas, mas (ainda) não querem casar na Igreja" (2008, p. 175).

Especificamente sobre a assistência espiritual dos homossexuais, Frei Bernardino orienta que "um dos serviços que o ministro pode prestar a um homossexual consiste exatamente em ajudá-lo a aceitar seu estado diferente, usar os talentos que de fato recebeu e viver de cabeça erguida em uma sociedade que geralmente o marginaliza e mantém no ostracismo" (2008, p. 176).

Nos últimos anos de vida, a questão das pessoas homossexuais (como gostava de dizer) foi o grande tema de suas reflexões. Mais que acusar ou legitimar as práticas homossexuais, Frei Bernardino defendia que esses merecem um lugar digno na sociedade, na Igreja. Entendia que o amor humano poderia se dar também de forma homossexual, sem que isso fosse considerado algo doentio ou patológico.[10]

No passado, baseada em teorias bem elaboradas, a humanidade foi capaz de escravizar outras raças, de diminuir a dignidade feminina. Agora, há o risco de, em nome de uma tradição por séculos fundada, perpetuar o modelo heterossexual, o qual deixa não poucos filhos e poucas filhas de Deus em segundo plano.

Por fim, a respeito do acolhimento pastoral às pessoas homossexuais, temos de fazer menção à importante contribuição do padre Luis Correa Lima, Jesuíta do Rio de Janeiro. A respeito das uniões entre pessoas do mesmo sexo, assim se expressa: "os que insistem com razão em fazer todo o possível para defender, proteger e promover a instituição matrimonial e a família, podem se tranquilizar. Isso porque uma união do mesmo sexo não ameaça, mas apoia a instituição matrimonial ao insistir na formalização social do vínculo, em vez de reduzi-lo ao âmbito privado de uma convivência de fato com estabilidade incerta. Há indicações de que uma cultura da provisoriedade aumenta o divórcio, assim como a falta

[10] O último escrito no qual Frei Bernardino estava se dedicando, e que foi deixado incompleto dado sua morte, teria como título: 'homossexuais e ecumenismo: todos filhos e filhas de Deus'. Nele, o frade apresenta rigorosa pesquisa sobre o modo como diversas igrejas cristãs tratam as pessoas homossexuais, demonstrando assim a grande variedade de pensamento em torno do tema, mesmo entre os cristãos.

de interesse por formalizar civilmente as uniões. Precisamente por isso é significativo o interesse, o desejo e a demanda de casais LGBT por reconhecimento social, jurídico e cultural de sua união matrimonial, que poderia e deveria ser também reconhecimento religioso" (LIMA, 2021, p. 150).

CONSIDERAÇÕES FINAIS

Não é simplesmente por ter iniciado sua produção teológico-moral, logo após o Concílio, que leva a concluir que Frei Bernardino Leers tenha sido um dos grandes responsáveis pela renovação da Moral no Brasil. Toda a sua maneira de se posicionar como moralista e como pastor recebeu um colorido todo próprio, o que influenciou a muitos que vieram depois dele.

Ao mesmo tempo em que traduzia a mensagem conciliar para sua realidade concreta, ia descobrindo as riquezas e limitações de estar em contato direto com a realidade dos homens e das mulheres, subnutridos pela doutrina católica, mas desejosos em trilhar o caminho do bem (cf. Sl 100).

A manualística que vigorou desde Trento até o Concílio Vaticano II, propondo a vida humana em esquemas estáticos, influenciou igualmente a Teologia Moral no Brasil. Até as renovações conciliares não se pode citar nenhum nome de relevo entre os teólogos moralistas no país, visto que estes se condicionavam em repetir as afirmações dos manuais europeus, não significando nada de novo em termos nacionais.

As renovações conciliares foram abraçadas pelo teólogo holandês com força e coragem. Graças a ele e a seu compatriota, Pe. Jaime Snoek (1921-2013), a teologia brasileira aterrissou no quintal das pessoas simples, de gramática singular e coração latejante.

Dois testemunhos o atestam: "Os primeiros escritos, trazendo em seu bojo insinuações inovadoras, aparecem ligados a dois moralistas estrangeiros, mas radicados no Brasil: Pe. Jaime Snoek e Frei Bernardino, até hoje [1984] os mais prolíferos. O primeiro, já em 1957, abordava tímida, mas significativamente, um tema explosivo na época: o da ética da situação. O segundo, depois de uma série de artigos mais ou menos regionalizados, rompe a barreira do som com um livrinho pouco conhecido, mas que constitui um marco notável: Novos Rumos da Moral" (MOSER, 1984, p. 248).

Marciano Vidal, uma das grandes referências da teologia moral pós-conciliar, faz eco a essa opinião: "utilizando uma metodologia seletiva, agrada-me recordar dois teólogos livres e criativos, holandeses de nascimento, mas brasileiros de vida, que deram à luz uma obra moral com frescor evangélico e com inculturação renovada: o franciscano Bernardino Leers (1921-2011) e o redentorista Jaime (Cornelis) Snoek (1921-2013)" (TRASFERETTI, MILLEN, ZACHARIAS, 2015, p. 14).

A valorização da experiência concreta, tão incentivada pela Moral Renovada, teve na pessoa de Frei Bernardino um alicerce fundamental. Para aqueles homens e aquelas mulheres simples, do interior mineiro, não bastavam exortações poéticas de seguimento, mas antes, dever-se-ia construir uma "moral da vida possível", que levasse em consideração não simplesmente um mandado externo, abstrato e, por isso, longe da realidade, mas que justamente partisse do material vivido para daí suscitar as mudanças necessárias.

Se antes a Moral podia ser entendida como um "adequar-se às normas", agora o contexto e a historicidade receberam a valorização necessária para que a mensagem cristã fosse acolhida como Boa Notícia.

Antes da reflexão moral – quer feita pelos teólogos ou pelo Magistério – está a vivência das pessoas, seus dilemas, dissabores e júbilos. Disso estava convicto Frei Bernardino, ao se colocar como um aprendiz desejoso de escutar e tentar perceber o mais perto possível aquilo que o *ethos* popular mineiro há tempos construíra.

A mensagem de Cristo é mensagem de alegria dos remidos, dos que sabem que, apesar das dificuldades da vida, têm um Bom Pai no Céu, e a Ele são capazes de fazer mil estripulias, que aos olhos de quem está de fora pode soar exótico, destituído de valor, como no caso do Catolicismo Popular.

Mais que um escritor que propõe uma atitude por ele teorizada, Frei Bernardino foi homem da *práxis*. Sua atuação junto à população rural, em torno da saúde e da educação, do desenvolvimento integral das pessoas, capacitaram-no para que suas propostas morais fossem acolhidas, pois não lhes pareciam estranhas, mas se mostravam embebidas nos próprios sonhos e lutas do povo, apresentando os valores cristãos não como algo inalcançável, mas possível de ser vividos, se bem entendidos.

No diálogo entre a cientificidade e a práxis, por vezes há teorias que não são praticáveis, por serem estranhas. Belas, mas impossíveis de serem alcançadas. Podem apresentar os mais sublimes valores e utopias, mas não serão assimiladas pelas pessoas. Do contrário, há práticas que por emergirem do chão da vida, de colherem os anseios mais primitivos, têm a capacidade de fazer os olhos dos interlocutores brilharem, por possibilitar um vislumbre nunca antes sonhado. Essas práticas poderão se tornar teorias e assim vir a inspirar a tantos mais. Assim se deu com a práxis de Frei Bernardino.

Mesmo sem o saber, Frei Bernardino inaugurava no Brasil uma moral não mais concebida de forma vertical, mas fervida no cotidiano das pessoas, por isso capaz de ser assimilada e praticada.

O lema que hoje utiliza o movimento ecológico de que "é preciso sonhar globalmente e agir localmente" pode ser lido também na síntese do escritor mineiro, ao afirmar que "o sertão é o mundo" (Guimarães Rosa). Ao se relacionar diretamente com os camponeses, colher deles suas alegrias e desencantos, Frei Bernardino esquadrinhava o *humanum* que sonha, que ama, que sente saudade, e cuja "tristeza tem sempre uma esperança de um dia não ser mais triste não" (Vinícius de Moraes, Samba da Bênção, 1961).

Os círculos acadêmicos, por vezes, menosprezaram Frei Bernardino, talvez por sua ojeriza pela formalidade academicista. Seus escritos trazem poucas notas de rodapé, o que, segundo ele, se devia também ao agravamento de sua perda de visão, a partir dos anos 90. Porém, quando se confere suas fontes bibliográficas, depara-se com livros em várias línguas, de áreas diversas, atualizados, o que faz cair por terra a ideia de que seus pensamentos estariam sem um devido embasamento teórico. O conteúdo era mais importante que a forma.

O que Frei Bernardino fez não pode ser reduzido à pastoral rural. Fez muito mais. Deve-se a ele a inclusão do "povo-povão" nos círculos da teologia brasileira. Ao se referir ao homem e à mulher do campo, Frei Bernardino alerta a todos, teólogos moralistas ou não, de que os filhos e as filhas de Deus têm carne e osso, de que necessitam de coisas elementares para seguirem em frente, "uma gente que ri quando deve chorar e não vive, apenas aguenta" (Milton Nascimento, Maria, Maria).

Por vários anos Frei Bernardino se aplicou junto à CNBB e a CRB para implantar uma nova maneira de encarar a Teologia Moral no Brasil, causando certo estranhamento em muitos, mas que, no final, renderam o resultado esperado. Hoje, as sementes plantadas por Frei Bernardino nas comunidades por onde passou floresceram e são colhidas pela população local, que aprendeu dele o que seja luta, união, organização popular.

A teologia, por sua vez, colheu dele outro fruto, igualmente saboroso: uma nova maneira de conceber a práxis humana, não ancorada em enunciados frios e sem vida, mas mergulhadas no bom humor, em sofrimentos reais, nas incertezas e na alegria celebrada, na feliz bem-aventurança dos eleitos, segundo a presciência de Deus Pai (1Pd 1,2).

Dois mundos tantas vezes separados se deram as mãos mediante a contribuição de Frei Bernardino: a reflexão teológica e a vida concreta dos homens e das mulheres do campo e da cidade.

A atualidade da contribuição de Frei Bernardino Leers

O anúncio da encarnação do Verbo e a vitória final da ressurreição sempre foram grandes referenciais para os cristãos. Adentrar em uma cultura, em uma realidade específica, conviver e fazer caminho com as pessoas foi e continua sendo um grande desafio para os seguidores de Jesus Cristo. Não basta habitar em "luz inacessível", é preciso aterrissar no chão da história para dali contemplar o rosto das pessoas, plasmadas à imagem e semelhança do Criador.

O Concílio Vaticano II, ao propor que os cristãos deveriam voltar às fontes originárias do cristianismo, deu margem para que a presença cristã no mundo se desse de forma empenhada, comprometida, evitando-se um olhar negativo, de condenação e desconfiança desmedido.

É mister armar a tenda com os homens e as mulheres, escutar suas vozes, tocar suas mãos, sentir suas dificuldades, inspirar seus sonhos. O contrário disso será um cristianismo distante da realidade de Jesus, peregrino a acolher a quem encontrasse.

O modelo fundado na proximidade, na acolhida, no respeito, terá lugar também para a profecia, anunciando grandes esperanças e denunciando tantas arbitrariedades. É preciso que o Evangelho finque raízes para que possa dar frutos. Daí se nota que todo o esforço em favor de uma maior proximidade com as culturas será bem-vindo no seio cristão, tratando a diversidade de forma respeitosa e acolhedora. De igual modo, há de se repelir todo juízo impositivo, que ignore o outro, que o menospreze.

Não significa que a cultura em questão deva ser considerada boa em si mesma. Em seu campo brotam joio e trigo. É preciso discernir prudentemente quais valores devem ser incentivados e quais práticas deverão ser repensadas ou mesmo condenadas, por atentarem contra a vida.

Visto dessa forma, a contribuição de Frei Bernardino para a Igreja brasileira é de grande valor. Fez-se aprendiz da gente simples, fez amizades com homens e mulheres e juntos caminhavam para Deus. Se no caminho havia pedras, pântanos, mas não era motivo de desespero; se alguém se desviasse da proposta, não era o caso de publicar seu escândalo, mas de lhe dar a mão, às vezes, à borda do precipício.

Ali estavam os cristãos, com suas lutas diárias, seus rostos cansados, seu coração sonhador. Ali estava o frade teólogo, atento, amigo, fomentador do diálogo, buscando de todas as formas dar sua contribuição para que a realidade fosse melhor para aquela gente.

A experiência inicial junto à população rural se tornou para Frei Bernardino o grande norte para sua futura produção teológico-moral. Não mais se esquecia daquela gente, não se dava por contente ao perceber que certas propostas eclesiais dificilmente seriam acolhidas pelo conjunto da Igreja.

Em um tempo em que o posto de autoridade na Igreja é cobiçado por muitos, Frei Bernardino se apresentou como Frade Menor, não desejando o mando, o cumprimento de ideias próprias, mas antes, se pôs como "mais um" com o povo, não renunciando a seu posto de iluminador e líder dos que a ele se confiavam.

As questões do mundo não se resolveriam somente com ações "espirituais". Não bastaria a conversão dos pecados. Era preciso mais. Os problemas eram reais. As pessoas estavam doentes, sem escolaridade, sem métodos adequados de produção agrícola. O anúncio da Boa-Nova Cristã não foi feito de forma desconexa à realidade, mas justamente, inserido nessa. O povo tornou-se não somente o receptor da mensagem, mas foi chamado ao diálogo, recebeu estima, expressou-se e foi ouvido. O povo se transformou em agente principal de libertação.

Não somente para a Teologia Moral, mas para toda a Igreja cabem estas indicativas, de fazer caminho, de ouvir mais as pessoas, de se fazer aprendiz, servo, espelhando-se no Mestre de Nazaré, "porque, por sua encarnação, Ele, o Filho de Deus, uniu-se de certo modo a cada homem. Trabalhou com mãos humanas, pensou com uma inteligência humana, agiu com uma vontade humana, amou com um coração humano" (*Gaudium et Spes*, n. 22).

Ao aproximar a mensagem cristã de um determinado *ethos*, há de se ouvir sempre de novo a voz da sarça a Moisés, alertando que esse lugar é santo, nele não se entra calçado, senhor de si, impositivo, mas reverente, ouvinte, descalço (cf. Ex 3,5).

Todas as vezes que a Teologia Moral tiver a tentação de dar respostas a perguntas que o povo não faz, de ensaiar discursos fora da realidade concreta, ali estará Frei Bernardino, chamando a todos para se tornarem aprendizes, como confessava o escritor mineiro: "Eu quase que nada não sei. Mas desconfio de muita coisa" (Guimarães Rosa).

O legado de Frei Bernardino Leers para a Teologia Moral do Brasil foi e continuará sendo de grande alcance, afinal, é preciso contemplar o rosto humano pelo caminho. Há sonhos a serem despertados, há lágrimas a serem enxugadas, há uma esperança a ser regada.

APÊNDICE

Após um sobrevoo sobre a obra de Frei Bernardino, achamos por bem dar-lhe voz de maneira mais completa. Retomemos um artigo seu em que se recorda do período de renovação da Teologia Moral no Brasil.

Memórias de um professor de Teologia Moral no Brasil[1]

Escrever memórias é moeda de duas faces: sinal de vida que sempre começa e sinal de morte que ainda não chegou, embora muitos fatos e muitas experiências do passado já descansem no cemitério do esquecimento. O homem que está atrás das memórias, acumuladas em sua caminhada, ele mesmo surgiu em certo momento e lugar dentro de um gigantesco universo humano e forma um pontinho pequeno na longa história que se perde nos tempos idos, simbolizados nos mitos da origem. Na curtíssima passagem entre entrada e saída, ele recebeu uma fortuna, sem poder invocar seus méritos. Memórias são de muito receber e pouco dar, mesmo se os outros são vistos pelos óculos de quem está andando por este mundo admirável e se lembra coisas que não são mais como aconteceram. A história começou em 1951.

Depois de ter gastado vinte e cinco anos de vida em escolas europeias, cair de paraquedas no Brasil em nome da santa obediência dá a sensação de mergulhar em águas turbulentas sem saber para onde nadar. Graças a Deus, a segunda palavra brasileira que o aprendiz pegou foi a palavra "jeito", salvador permanente de um povo em apuros e porta de todos os usos e abusos. Assim foi possível começar uma nova caminhada e enfrentar realidades humanas mil, encontrando colaboração generosa e amizade ao

[1] In: A. Antoniazzi, J. B. Libanio, J. S. Fernandes (org.), *Novas Fronteiras da moral no Brasil:* obra de homenagem a Frei Bernardino Leers, Aparecida, Santuário, 1992, p. 17-31.

lado de autoritarismo medroso, mananciais de valores e defeitos humanos, portas que se abriram e portas que se fecharam. Tudo quanto há de humano entrou, de bem e de mal.

1. Andar de duas pernas

Lançado no Norte de Minas para conhecer melhor o povo, a estranheza mudou rapidamente em admiração por essa gente simples e pobre de que sempre falaram que era ignorante. De fato, sua maneira de viver não era o espelho exato dos manuais europeus de moral, mas era muito mais interessante e impressionava mais do que todos os livros e documentos juntos. Nas longas viagens pelo sertão, até o burro ensinava coisas sábias. Mas o que o povo mostrava em seu ritmo lento e calmo abrindo o coração, pelas suas prosas mansas e brigas, suas devoções e sabenças, estórias sem-fim e maneiras de agir e solucionar problemas, funcionou como uma virada. Não é o código de leis que forma a moral, mas a vida severina de um povo que caminha, luta e tenta fazer as coisas que Deus quer enquanto e como pode. A admiração gerou a lealdade.

Para se equilibrar, o moralista aprendeu a caminhar de duas pernas. Uma fonte de inspiração era e é a convivência com o povo e seus modos de viver, agir e fazer. Mais do que a curiosidade intelectual, entram aqui o amor, a abertura, o poder de escutar, a procura de entender os outros em suas luzes e sombras, amizades e rupturas, talentos e limitações, iniciativas e dependências. As trocas contínuas com um povo rural com trabalhadores de pouco salário e muito sofrimento, nos sindicatos urbanos, as conversas no parlatório, a sensibilidade pelo humano demasiadamente humano no confessionário formam um enriquecimento constante e uma interrogação de tudo quanto os textos explicam e impõem.

A outra perna é o estudo da literatura, a ânsia de acompanhar o próprio andar da ética teológica, para escapar do papel de um epígono que só sabe repetir as frases dos outros ou pior, o papel de um narcisista que só escuta a própria voz. Participando da teologia e das ciências, o estudo da moral oferece atualmente muitas divergências e oposições em muitas questões sob crescente pressão e censura de autoridades eclesiásticas que querem uniformizar sem convencer por seus argumentos. O clima de estudar teologia moral piorou e não falta o zelo de culpar o outro. Na procura da verdade, a colisão entre a liberdade de pesquisa e a imposição do poder produz fã clubes e charangas em um jogo que no mesmo momento é trágico e cômico.

Para caminhar na teologia moral, uma perna não dispensa a outra, pois ambas estão a serviço do Povo de Deus e da humanidade toda. Como o próprio andar humano, é pela troca constante dos desequilíbrios, passando de uma perna para a outra, que se forma o difícil equilíbrio entre a práxis e a reflexão teórica em um mútuo intercâmbio que vitaliza e rejuvenesce as duas. Dessa maneira, a história da ética teológica se fez como permanência nas mudanças dos tempos e espaços culturais, pelos quais a Igreja ocidental passou. A convivência com os vários povos cutucava o conhecimento teórico e os avanços científicos estimulavam a reformulação da herança e a vontade pastoral de ajudar o Povo de Deus, a humanidade, sofridos como são, em caminho de sua plena libertação prometida em Cristo Jesus.

O intercâmbio flutuante entre teoria e práxis, entre linguagem científica e linguagem popular constitui a dura escola na qual o professor da moral fica eterno aprendiz. Documentos eclesiásticos e teses de doutorado não precisam se ocupar e, de fato, raras vezes se ocupam com a intelecção de seus textos por parte do público comum que mais ou menos frequenta as igrejas. Podem voar nas altas esferas das ciências eclesiásticas e provocar a reação do João Ninguém que gostou demais do sermão, mas não tinha entendido nada. Jesus agradeceu ao Pai, porque revelou a verdade aos simples e pequenos e escondeu aos sábios e entendidos (Mt 11,25). Obrigado a se movimentar na teologia moral científica e querendo conviver normalmente com o povo comum, o moralista se torna bilíngue, subindo e descendo a escada do saber e aprendendo dos dois lados. Essa ginástica dupla ajuda o povo cristão a amadurecer em sua consciência e em seu agir e diminui o risco de se fechar em uma torre de marfim em que o clamor do povo necessitado não penetra mais, apesar das declarações repetidas de amor e afeto.

Pela comunicação com os dois tipos de linguagem, o moralista se torna capaz de traduzir a linguagem científica, às vezes tão hermética, em direção à esfera cultural em que o povo de pouca escolaridade respira e vive. Doutro lado, os contatos com a realidade da caminhada, cheia de aventuras e surpresas do povo, levam-no não apenas à prudência nas aplicações normativas e conselhos, acompanhando as pessoas em suas muitas lutas, fracassos e crescimentos, mas também à sabedoria de se interrogar a respeito das próprias afirmações e imposições que a literatura moral, oficial e particular, apresenta sob o título da verdade. A teoria critica a vida, mas igualmente é a vida que continuamente critica a teoria e provoca-a a progredir, corrigir seus rumos, aprofundar sua reflexão e melhorar sua eficiência na comunicação. É pena que, até agora, há autoridade eclesiástica que tem medo da opinião pública na Igreja, já defendida por Pio XII, e não sabe avaliar criteriosamente as reações conscienciosas daqueles que, como o povo diz, estão com a mão na massa.

2. A dinâmica do tempo

No Brasil, país que se desenvolve com tanta rapidez, o ensino da teologia moral não é imune à dinâmica do tempo. Como sistema de comunicação está obrigado a acompanhar os problemas locais e registrar toda a movimentação agitada em que a população se encontra. Professores e estudantes não formam uma ilha isolada em que os barulhos da sociedade não penetram. Ao contrário, sua tarefa comum faz parte da grande missão evangelizadora da Igreja no mundo presente que, com seu conjunto de progressos e angústias, ideais e frustrações, apresenta um verdadeiro desafio ao agir e fazer responsáveis dos cristãos.

Vários valores históricos tiveram e têm sua influência no processo evolutivo do ensino da moral. Da parte da Igreja, entram o Concílio Vaticano II, continuador da Tradição e renovador da vida eclesial, Medellín e Puebla, propostas corajosas de dar novos impulsos ao catolicismo tradicional da América Latina, com suas consequências pastorais de avanços e recuos que há sempre no caminhar do Povo de Deus. No mundo apresenta-se todo um profundo processo de mudanças que, conforme o gosto de cada um, se deixa captar em termos de industrialização, urbanização, democratização e outros termos aparentemente neutros. As mudanças são muitas e atingem, de uma ou de outra maneira, a população inteira, funcionando como um universo em extensão em que as distâncias em termos de poder, posse, saber e status social entre elite e massa de pobres aumentam sempre mais. Os contrastes são realmente chocantes.

Até época do Concílio, o ensino da teologia moral nos seminários e institutos religiosos mostrava uma imagem bastante uniforme. Praticamente o manual em latim era o dono do ensino. Seu esquema determinava o programa de estudos. Os autores podiam variar, Tanquerey, Noldin, Genicot, Ferrari, Arregui, o conteúdo doutrinário e o esquema global eram mais ou menos iguais. Poucas vezes especialista na matéria, mas prático na pastoral, o professor explicava o texto, comentava as normas e acrescentava uns casos de sua práxis e umas anedotas para aliviar os espíritos do público. Os estudantes eram exclusivamente do sexo masculino, que estavam presentes para se prepararem ao sacerdócio, e sabiam mais ou menos o latim.

Veículo principal do ensino, o manual pós-tridentino refletia a estabilidade uniformizada, disciplinada da pastoral eclesiástica oficial da época. Diferenças entre os moralistas eram acidentais, questões de detalhes. Discussões terminavam em opiniões prováveis ou equiprováveis ou respostas lacónicas do Santo Ofício. Encíclicas da doutrina social, sobre o matrimônio, discursos de Pio XII etc. completavam os textos secos e a argumentação reduzida dos manuais. Porque estes foram escritos com a finalidade de preparar o futuro clero para o confessionário, davam uma impressão global muito negativa da moral cristã, especializando os estudantes em pecados, uma multidão de pecados graves, leves e variações.

Somente as novidades de Tillmann, Leclerq e o primeiro manual de Bernhard Häring injetaram algo da Boa-Nova, conforme o sabor do professor, pois tais leituras dependeram do interesse e do tempo dele. No entanto, a chamada doutrina social da Igreja penetrou tão lentamente, que Alceu Amoroso Lima podia declarar que ela começou a sacudir o catolicismo latino-americano somente com a encíclica de João XXIII, "Mãe e Mestra", de 1961. Para com a eficiência desta doutrina, a realidade da vida responde até agora com um, em boa parte, "não ouvi o clamor do meu povo".

O sistema da endoutrinação estava garantido. Do manual, a doutrina esquematizada comum passava para a cabeça do futuro padre; do púlpito e pela catequese para o rebanho dos fiéis; dos fiéis voltava pelo confessionário para os padres. Nesse movimento circular, a estrutura doutrinária ficava estável, as perguntas eram poucas e mais de ordem casuística. Dentro do "establishment" católico imaginário, as normas, melhor, as proibições, não provocaram interrogações sérias, porque a autoridade e a tradição juntas formaram as bases seguras das afirmações e os candidatos ao sacerdócio não tinham bastante experiência da vida comum fora de seus ambientes fechados. Para aqueles tempos, esse sistema podia funcionar mais ou menos por causa do isolamento das casas de formação e do silêncio geralmente passivo dos fiéis diante do clero que inspirava medo por seu poder e saber. De resto, a ignorância do povo, assunto que sempre voltava nas cartas pastorais, funcionava como oitavo sacramento da misericórdia de Deus.

3. O impacto do Vaticano II

O Concílio Vaticano II era um momento histórico de abertura, renovação e, nem sempre, conversão. Nele, a mudança de rumo da teologia moral recebeu uma formulação densa e promissora. Ela devia ser uma exposição científica, mais alimentada pela Sagrada Escritura, e evidenciar a sublimidade da vocação dos fiéis em Cristo e sua obrigação de produzir frutos na caridade para a vida do mundo. Em relação ao ensino, a formação não devia visar a mera transmissão de conceitos e normas, mas a verdadeira e profunda maturação dos formandos. Para isso, os métodos didáticos precisavam ser reformulados em relação às maneiras de dar aula e aos incentivos de intensificar o estudo em comum.

Estes projetos não estavam isolados do processo pastoral da Igreja pós-conciliar, nem do clima global de mudanças e convulsões sociopolíticas e culturais que marcavam a história brasileira dos anos 60 para cá. A produtividade da moral renovada e da moral da libertação não foi simplesmente sinal da fertilidade recuperada da Igreja em movimento, mas recebeu o estímulo e respondeu aos desafios do mundo moderno que passou por Auschwitz, Hiroshima e Nürnberg e começou a se conscientizar dos ídolos da morte, feitos por mãos humanas na América Latina. Embora o símbolo da aldeia global de McLuhan esteja ultrapassado, a mundialização dos problemas humanos de ordem moral no meio da crise profunda dos valores tradicionais e a conscientização mais aguda da responsabilidade dos próprios homens nessa história colocaram a moral cristã diante de desafios de que as gerações passadas não faziam ideia e de que nem a geração atual pode prever com segurança o desfecho e garantir soluções eficientes.

Quando tudo fica em seu lugar e tudo está tranquilo, a procissão histórica do Povo de Deus não encontra dificuldade de manter a ordem nas filas bem fechadas, todos rezando nosso terço e cantando os mesmos cânticos. Mas quando de repente uma tempestade cai por cima da multidão devota, a ordem estabelecida acaba e cada um se protege de modo melhor possível, procurando segurança em qualquer canto. No tempo pós-conciliar, a teologia moral se diversificou bastante em sua estruturação, suas maneiras de desenvolver os temas abordados, velhos e novos, tirando amplo proveito das ciências humanas modernas e da exegese contemporânea. Vários novos manuais, o novo Häring, Vidal, "Práxis Cristã", surgiram, diferentes dos tradicionais, para o uso de confessores e em língua vernácula, por isso acessíveis também para leigos.

Nas exposições novas, os enfoques mudaram, como se pode ler às avessas na parte moral do projeto do novo Catecismo Universal. Todos os temas clássicos da moral continuaram, mas o espaço que ocupam e o acento que recebem foram criticamente remanipulados em uma linguagem acessível. A concentração no sistema de normas, proibições, tabus e na execução cega das ordens dadas cedeu lugar à responsabilidade e à consciência moral das pessoas. Distanciando-se do tratado tradicional do ato humano, as atitudes, opções e linhas fundamentais do agir e fazer são elaboradas melhor na perspectiva bíblica, e com o auxílio das ciências modernas. O caráter positivo e indicativo da moral cristã liberta as pessoas para uma resposta mais generosa ao Deus e Pai do Senhor Jesus em solidariedade aos pobres, fracos e às ovelhas perdidas e substitui a melodia fúnebre de pecados e defeitos, geradora de medo e angústia. O racionalismo naturalista perde terreno para a evangelização interna da teologia moral, injeção de vida em um corpo meio morto e estéril.

Os complexos problemas morais do mundo moderno não se deixavam mais varrer da mesa por simples decreto nem resolver por discursos e mais um documento. Complicadora era aqui, de modo crescente, a consciência de que a tão pregada neutralidade e objetividade da percepção científica não resistiam à crítica de que o lugar que cada um ocupa no universo humano e a situação em que se encontra condicionam o próprio trabalho reflexivo e o agir humano em geral, independentemente ainda dos desejos e das opções de que o homem dificilmente se conscientiza. No nível da linguagem, quebrando a hegemonia latina, o problema se impõe da comunicação criativa e estimuladora da moral cristã no meio de um povo cujo mundo se vai abrindo pela maior escolaridade e os meios sociais da televisão e da imprensa.

4. O povo e sua moral

Pela preocupação com o caráter comunicativo da moral renasceu a sabedoria do velho Chesterton de que, para ensinar inglês a João, precisa-se conhecer primeiramente o João. Desde os primeiros contatos, o trabalho foi dar conteúdo pormenorizado à religiosidade popular, tantas vezes identificada com ignorância; depois foi seguindo a análise da moral diversificada do povo, seus costumes, suas normas e orientações pedagógicas da vida. Além do estudo de Paulo Freire, obras de história, sociologia e antropologia empíricas ajudaram a penetrar no universo real e concreto em que o povo dos pobres e remediados se movimenta, toma suas decisões, age e realiza coisas. Até agora as pesquisas na área moral do povo, seus valores, suas ambições e deficiências ocupam apenas um lugar mui modesto e são mais difíceis do que condenações globais, mas o caminho está aberto, prometendo bom apoio ao estudo da teologia moral.

A pergunta: "qual é a práxis do povo católico?" é muito mais fácil de fazer do que responder. O próprio termo católico já é extremamente ambíguo e conhece ampla variação de formas reais. Por causa da tradicional convivência da cruz e da espada, realizou-se certa simbiose entre a moral católica histórica e a cultura, as culturas, do povo brasileiro, com todas as diferenças de penetração e assimilação que se podem esperar na sociedade de classes sociais e de etnias oprimidas que é o Brasil de ontem e de hoje, sem falar das discriminações óbvias.

Sobre esse quadro confuso descem os efeitos do desenvolvimento econômico e a ampla importação de elementos culturais de fora, especialmente pelas "enlatadas" da comunicação social. Na rápida evolução dos costumes, também as atitudes morais dos católicos entraram em processo de mudança, como demonstram os movimentos pela democratização e participação políticas, a emancipação da mulher, as lutas dos trabalhadores, a libertação sexual e a nova consciência ecológicas incipiente.

Secularmente, confessionário fornecia ao clero certas imagens práxis moral e imoral do povo praticante. Mas as confissões auriculares diminuíram muito em número, porque a sociedade complica cada vez mais a vida cotidiana. Muitos problemas surgiram que transcendem o espaço limitado do confessionário. Quanto mais situações e condições do agir e fazer dos católicos se complicam, tanto mais importa a formação da consciência madura, adulta, no clero e nos leigos. Afinal de contas, são estes os primeiros responsáveis pela vida familiar, cultural, econômica, social política. No tempo de hoje, maturidade de consciência significa mais do que simples execução de ordens superiores.

Na educação da consciência, condição indispensável o (auto-) conhecimento das pessoas, a avaliação das situações, dos valores ideais que, fato, modo certo ou errado, funcionam em sua vida com outros. Homem nenhum é robô que programado executa fielmente essa virtude humana, cabe aqui até os erros do "input". No processo da aprendizagem, a própria pessoa desempenha papel ativo, condicionado por suas experiências feitas, conhecimentos adquiridos nos ambientes em que se tem movimentado e ainda vive. Peregrinando pelo mundo, qualquer um recebe muitas mensagens de qualidade moral, desde sua infância na família e vizinhança até as novelas, música popular e propaganda política e comercial. Essas mensagens, porém, são decifradas pela pessoa em função de sua história e passam pela peneira de seu esquema de vida já formado.

5. A reciprocidade das consciências

A estas descobertas, alicerçadas na crítica do conhecimento e nas ciências da comunicação, mudanças na vida dos seminários e casas religiosas.

Em vez de ficarem quase confinados e isolados da vida social comum, os estudantes começaram a ter mais liberdade de encontrar outras pessoas, participar da vida familiar comum e conviver fora do círculo fechado do enclaustramento. Também entraram diretamente na pastoral, catequese, movimentos religiosos, vida paroquial, intensificando seus contatos com "gente comum", homens e mulheres, ganhando variadas experiências de vida. Nos cursos de teologia, matricularam-se religiosas, alguns leigos, até de mais idade de vida vivida, abrindo mais os horizontes existenciais e enriquecendo as trocas simbólicas "a la Bourdieu". A relativa uniformidade da formação pré-teológica e da experiência de vida mudou para maior diversidade e uma convivência pluralista, mais próxima da vida "normal".

No passado, o professor podia dar a impressão de falar "ex cathedra" a um público, supostamente tabula rasa, a fim de encher suas cabeças com o conteúdo do manual. Essa transferência de mão única começou a entrar no novo esquema da troca progressiva. Na hora de começar o estudo da teologia moral, os estudantes já tinham muitos anos de formação e experiências morais nas costas para o bem e para o mal, pois limites, luzes e sombras não faltam na romaria de nenhum mortal. Em vez de serem simples ouvintes, eles se tornaram mais ativos, juntos com o professor, procurando a solução dos problemas colocados, discutindo em grupos os temas abordados e cada um contribuindo com suas leituras e seus pontos de vista. O próprio professor se enriquecia e virava aluno, porque descobria outros ângulos das questões, outros posicionamentos e também resistências dos outros em aceitar certas teorias e normas, defendidas por autores de peso ou até pelas autoridades eclesiásticas, o magistério.

Na tradição rabínica e muçulmana, a tática principal é a memorização de textos sagrados pela repetição. Para com os estudantes da teologia moral o processo é atualmente mais complicado, se não querem encalhar na areia esterilizante do fundamentalismo. Na educação, o primeiro passo é a análise do problema moral que a realidade coloca por meio do conhecimento popular e científico presente. Pela descrição mais ampla da problemática, seu contexto e suas raízes, o fator da sensibilidade e da participação, do estar relacionado à situação estudada entra como desafio e apelo ao conjunto de professor e estudantes a fim de encontrar pistas e formular direções a seguir na caminhada do Povo de Deus para frente. Nem sempre essa sensibilidade identificadora existe; há de ser provocada por leituras, testemunhas, filmes, visitas, encontros com pessoas que por sua vida têm conhecimentos de causa.

O ensino da teologia moral não visa apenas a formação de um código objetivo de normas e diretivas de ação, bem argumentado e explicado em linguagem moderna, mas também as pessoas, os agentes morais, em sua concretude, em seu contexto histórico e presente. Por si, fórmulas normativas não salvam a ninguém. Conforme o profeta, Deus é quem seduz as pessoas e são as pessoas as quais se deixam seduzir. Seduzir é uma atividade muito mais rica em humanidade do que a frieza racional de um texto. Sentir o problema moral na própria carne ou ouvir empaticamente a história real de uma decisão sofrida envolve mais as pessoas do que o conhecimento de uma lei ou proibição. Cada problema individual ou social é novo e não está bem servido com mera repetição de fórmulas. Se a palavra prudência não fosse tantas vezes o manto do medo e da covardia, seu lugar na educação estaria garantido aqui.

Por cima da sensibilização para com o problema moral em pauta vem a leitura crítica de textos, documentos eclesiásticos e históricos para orientar as reflexões em comum. Sua finalidade não é apenas aumentar os conhecimentos ou confirmar os pontos de vista que o grupo já possui, talvez desde sua infância, mas também se conscientizar de suas próprias avaliações morais, incluindo discriminações, lacunas e deformações da consciência, a fim de canalizar com maior segurança o contínuo e gradual amadurecimento da própria pessoa em seu ver, julgar e agir. Os encontros repetidos entre professor e estudantes e os contatos intensos com a documentação disponível condicionam um processo educacional mútuo, em que o crescimento e a correção se misturam. Além de sua competência em conhecimentos teóricos, são o equilíbrio e a maturidade alcançados da pessoa que formam a base para orientar os outros, aprendendo e ensinando em mútua edificação.

6. O amadurecimento pessoal

No curso da teologia moral, o processo do amadurecimento interno se torna mais importante na medida em que é menos possível acompanhar os estudantes em suas andanças posteriores. O sacerdote e o levita talvez sejam enciclopédias ambulantes de teologia moral. Se deixam o povo gravemente ferido pelos ladrões morrer na estrada e não fazem o papel do bom samaritano, seu maior conhecimento produz ao máximo arrogância que chateia o público em vez de ajudá-lo para frente. No esquema da formação continuada, os cursos de reciclagem de que o moralista tantas vezes tem de participar não deviam ser apenas comunicações das "novidades", mas trocas sinceras também sobre as práticas de cada um e seus resultados de trabalho.

A tática de levar um grupo de clero a colocar coração na língua provoca muita resistência, porque é bem humano pôr sua luz sobre o candeeiro e esconder a sombra, geralmente mais visível para outros do que para a pessoa mesma. Nessa penumbra nasce facilmente ambiguidade de caprichar na lei para os desconhecidos e ceder para os amigos, edição pastoral da tradição civil: todos os favores para os amigos, dureza da lei para os adversários. Interessante é que, nos muitos cursos para leigos, a tática da troca aberta dava resultados melhores. A sensibilidade do poder parece ser mais comprida.

No nível superior, ensino da teologia moral não pode ser mais a oferta de um prato feito, pondo os estudantes diante da opção de aceitá-lo e passar ou rejeitá-lo e ser reprovado. O discurso do professor e os documentos oficiais da Igreja não são engolidos mais sem crítica e não garantem adesão interna e a assimilação prática. Em vez de monopolizar a palavra, o jogo é estudar em comum e trocar pontos de vista diversos e divergentes dos que vivem no grupo. Autoritarismo e monopólio da verdade levam à deformação das consciências, à submissão infantil que, talvez, só por fora exista e que prepara uma erupção libertadora que, raras vezes, se mantém equilibrada. O fim do ensino inclui uma capacidade autônoma de avaliar, decidir, agir e fazer na mutação constante pessoas e situações, e não a escravidão do esquema: pergunte, eu já sei a resposta.

Na prática, a cooperação dialogal entre estudantes-professor mostra-se mais complicada do que o idealista sonha. Em comparação com leigos que querem mesmo estudar teologia, seminaristas querem ser padres e, por isso, hão de passar por quatro anos de teologia. Muitas vezes, seus interesses estão divididos entre o estudo por cima de tratado livro e trabalho pastoral do encontro de pessoas vivas, bem mais agradáveis do que letras mortas. Instabilidade vocacional cria mais complicação ainda. A cultura atual se torna cultura de televisão e videoteipes, de ouvir música sobretudo de conversar. Nada melhor do que uma boa prosa em roda de amigos. Se esse traço ficará claro o risco do trabalho em grupo: conversa, pouca produção; muita prosa, pouco aprofundamento do tema. Quanto maior número estudantes, tanto a falta professores se vinga para acompanhar os estudantes e verificar o progresso dos estudos.

Outro problema se esconde na invocação da experiência feita na medida em que o professor ganha prática e estuda, convence-se de seus limites, de sua ignorância douta. Para os estudantes o problema mais difícil pela pouca experiência que possuem. No mercado das comunicações modernas há um verdadeiro caos de informações. Novidades atraem, mesmo se fosse apenas pela embalagem. A conscientização dos defeitos de seu saber, porém, em uma atitude contínua de conversão, motiva o estudo, leva à melhor eficiência na pastoral espinhosa da Igreja no mundo moderno.

As duas faces do serviço pastoral

O trabalho pastoral que os estudantes fazem pode ser em estudos teóricos, quanto uma vantagem que estimula interesse e leve à procura da verdade. Muitas vezes, o primeiro serviço do professor é alargar o horizonte do caso particular que o estudante encontrou, colocando-o em um contexto mais amplo. Mais ainda: ajudar a não decretar a resposta certa, ortodoxa, mas levar os outros a procurarem juntos a orientação na literatura, na discussão. Pela exploração tática e crítica das experiências feitas, os conhecimentos novos se tornam mais facilmente convicções que estruturam a própria consciência e desenvolvem o discernimento em própria causa.

Se ensino não educar as consciências e não desenvolver atitudes firmes, funcionará apenas como chapéu de palha que se tira na hora que quiser. Padre é algo mais do que funcionário subalterno da hierarquia. Especialmente em uma época em que o conservadorismo ganha terreno até entre os jovens, a interpretação cômoda da realidade pelo sistema normativo de ontem encontra mais adesão interesseira, o senso crítico apoiado no conhecimento histórico da moral forma uma peça fundamental na educação moral, embora obtenha poucas vezes a simpatia do poder.

No âmbito da evangelização, a consciência bem formada do agente cristão se torna difusiva na medida em que participa do processo de comunicação e troca com as demais pessoas dentro e fora da comunidade eclesial, sejam simples ou sofisticadas, pouca escolaridade ou especialistas em outras disciplinas, indispensáveis até para entender a problemática moral moderna. Poder comunicativo não é apenas questão de talento ou caráter; é suscetível de educação e precisa ser treinado. Integrado no curso global da teologia, o ensino da moral está servido com troca de ideias, discussões, mesas redondas, para se aprender a escutar bem os outros e formular com precisão seus próprios pontos de vista. Se for completado por um curso de aconselhamento pastoral, aperfeiçoará a cultura da conversa em vista dos encontros futuros no confessionário e parlatório ou nos cursos de formação cristã que se multiplicam. Enquanto não são copiados de livros ou revistas, também os trabalhos escritos ajudam a aprimorar o estilo próprio, a condição para futuras comunicações em boletins paroquiais e jornais mimeografados.

Quem não sabe fazer, ensina, reza o ditado. No discurso da moral em pregação, livro ou documento esconde-se a ironia de uma impotência mal confessada. Teoria moral ou norma moral não produzem por si nada de mudança e nada de conversão. Também proibições não garantem que sejam respeitadas na práxis, mesmo que o nome de Deus seja invocado para sustentá-las. O corpo doutrinário da moral, todo e qualquer projeto de vida cristã ou humana, é produto intelectual que talvez honre os escritos ou compositores dos textos, mas não surte efeito automaticamente nem transforma o curso da história ou a conduta da sociedade. Se o ensino da moral não mentaliza professor e estudantes e não muda seu posicionamento na sociedade, assemelha-se ao lutador que zelosamente esmurra o ar.

Em sua complexidade, a sociedade moderna precisa de uma visão mais larga e análise mais profunda do que a moral pequena do berço e do primeiro catecismo fornece. Nesse contexto complicado, com suas esperanças e ameaças, a Igreja será verdadeiro sacramento da liberdade em Cristo à medida que criar a liberdade de descobrir novos caminhos, capazes de libertar a humanidade peregrina de todas as formas de escravidão e morte e conduzi-la pelo Senhor Jesus Pai, conforme a visão paulina. No mundo pluralista com seus problemas sempre novos e mudanças surpreendentes, os cuidados com a identidade própria da Igreja de Cristo e o serviço humilde à humanidade de hoje, especialmente aos pobres e mais fracos, formam um campo de tensões nem sempre convergentes.

Na procura da verdade que liberta os homens, a missão do teólogo moralista não é possível ser cumprida sem riscos.

Igualmente não é possível sem confiança e sinceridade mútuas entre professores da teologia moral e autoridades eclesiásticas. Onde essa esfera falta, entram as suspeitas, vagas acusações e manobras subterrâneas; entra a perseguição dentro da Igreja. Exigir lealdade sem dá-la e criticar os outros sem atender às críticas deles são artigos morais, difíceis de vender no mercado interrelacional. Todavia, teologia moral pensante não é somente lembrar-se dos dias passados e pensar nos anos idos, mas é como cristão que corre no estádio da vida, olhando para frente para dar formas mais concretas à grande utopia do amor e da liberdade que a tradição judaico-cristã cultiva, seguir novos rumos mais certos para sua realização histórica no mundo comum de todos.

Bernardino Leers, OFM

REFERÊNCIAS BIBLIOGRÁFICAS

ANJOS, Márcio Fabri dos, Teologia Moral e comunidade de fé, in Márcio Fabri dos Anjos (org.), *Articulação da Teologia Moral na América Latina* = Teologia Moral na América Latina 2, Aparecida: Santuário, 1987, p. 83-98.

ANTONIAZZI, Alberto, "Homenagem a Frei Bernardino", in Leonardo Lucas Pereira e Sandra de Fátima Pereira Tosta (Org.), *Frei Bernardino: um jeito de viver*, Petrópolis: Vozes, 2000, p. 13-15.

BARBOSA, Marcos Sávio, *Nas Trilhas do Oeste Mineiro: um novo jeito de educar*, Dissertação de Mestrado, UNICOR, Três Corações: Faculdade de Pedagogia, 2005.

BOFF, Leonardo, A Relação do Teólogo com comunidade eclesial, in *Perspectiva Teológica* 39 (1984), p. 229-237.

BRUNEAU, Thomas, *O Catolicismo Brasileiro em época de Transição*, = Temas Brasileiros III, São Paulo: Loyola, 1974.

CÂMARA CASCUDO, Luiz da, *Religião no povo*, João Pessoa: Imprensa Universitária da Paraíba, 1974.

CELAM, *Conferência de* Medellín, 1968.

CELAM, *Conferência de Puebla*, 1979.

CNBB, *Teologia Moral em meio a evoluções históricas*, subsídios doutrinais 2, Brasília: Edições CNBB, 2009.

CONCÍLIO VATICANO II, *Constituição Dogmática Gaudium et Spes*, 1965.

CONGREGAÇÃO PARA A DOUTRINA DA FÉ, *Donum Veritatis*, Instrução sobre a vocação eclesial do teólogo, 1990.

CORGOZINHO Batistina Maria, História e memória: Os Franciscanos em Divinópolis, in LEERS, Bernardino, *Teologia Moral, Ciências Humanas e Sabedoria Popular: um tripé que deu certo*, Vozes, Petrópolis 2010, p. 175-200.

DAMATTA, Roberto, *O que faz o Brasil, Brasil?*, Rio de Janeiro: Rocco, 1986.

DE OLIVEIRA, Pedro Ribeiro, *Religião e Dominação de Classe: Gênese, estrutura e função do catolicismo romanizado no Brasil*, Petrópolis: Vozes, 1984.

FAGGIONE, Maurizio Pietro, *Sessualità, Matrimonio, Família*, Bologna: EDB, 2010.

FERREIRA, Amaury Carlos, *A morada da moral no pensamento de Frei, Bernardino Leers: a pessoa*, in Revista Perspectiva Teológica, Ano 44, número 122, jan/abril 2012, p. 101-124.

FERREIRA Amaury Carlos, *Vagas para teólogos moralistas que têm coragem: a morada da ética no pensamento de Bernardino Leers*, comunicação apresentada durante o XXVI Congresso da Sociedade de Teologia e Ciências da Religião, Pontifícia Universidade Católica de Minas Gerais, 13 de julho de 2011, p. 1-14. Pro-manuscrito.

FREIRE, Paulo, *Pedagogia do Oprimido*, = O Mundo Hoje, Rio de Janeiro: Paz e Terra, 1983.

FUCHS, Josef, *Teologia Moral segundo o Concílio*, São Paulo, Herder, 1968.

GONZÁLEZ, José Luís, BRANDÃO, Carlos Rodrigues e IRARRÁZAVAL, Diego (org.), *Catolicismo Popular: história, cultura, teologia* = Teologia da Libertação, série VII, Desafios da religião do povo, Tomo III, Petrópolis: Vozes, 1993.

HÄRING, Bernard, *A Moral depois do Concílio*, Círculo do humanismo Cristão, Mores Editores, Rio de Janeiro, 1968.

JOÃO PAULO II, Encíclica *Sollicitudo Rei Socialis*, 1987.

JOSAPHAT, Carlos, Utopia, jeito e humor, in LEERS, Bernardino, *Em Plena Liberdade*, Belo Horizonte: Lutador, 2010, p. 51-72.

JUNGES, José Roque, Frei Bernardino Leers e a sensibilidade moral do povo, in PEREIRA Leonardo Lucas e TOSTA, Sandra de Fátima Pereira (org.), *Frei Bernardino: um jeito de viver*, Petrópolis: Vozes, 2000, p. 163-165.

JUNGES, José Roque, Transformações recentes e prospectivas de futuro para a Ética Teológica, *Cadernos Teologia Pública* 1/7 (2004).

LEPARGNEUR, Hubert, Poder, Consciência e Mudança Social, in MOSER, Antonio (org.), *Mudanças na Moral do Povo Brasileiro*, Petrópolis: Vozes, 1984, p. 75-133.

LIMA, Luis Correa, *Teologia e os LGBT+: perspectivas e desafios contemporâneos*, Petrópolis: Vozes, 2021.

LORSCHEIDER, Aloísio, Os 80 anos de Frei Bernardino OFM, in PEREIRA, Leonardo Lucas e TOSTA, Sandra de Fátima Pereira (org.), *Frei Bernardino: um jeito de viver*, Vozes, Petrópolis, 2000, p. 9-12.

MATOS, Henrique Cristiano José, Homenagem a Frei Bernardino, in *Horizonte Teológico* 8/16 (2010), p. 9-12.

MELO, Amarildo J., PINTO Nilo C., FERREIRA Pedro Gondim, Codar – Conselho Divinopolitano de Assistência Rural, décadas de 60 e 70, Entrevista com Frei Bernardino LEERS, Monografia do Curso de Catequese, Pontifícia Universidade Católica de Minas Gerais, 1985.

MILLEN, Maria Inês de Castro, A criança, o palhaço e o burro, in LEERS, Bernardino, *Em Plena Liberdade*, Belo Horizonte: Lutador, 2010, p. 45-49.

MILLEN, Maria Inês de Castro, *Os acordes de uma sinfonia: a moral do diálogo na Teologia de Bernard Häring*, Associada, 2005.

MOSER, Antonio e LEERS, Bernardino, *Teologia Moral: Impasses e Alternativas*, A Libertação na História, Petrópolis: Vozes, 1987.

MOSER, Antonio, *Como se faz Teologia Moral no Brasil hoje*, in *Revista Eclesiástica Brasileira* 44/174 (1984), p. 249-252.

MOSER, Antonio, Frei Bernardino LEERS: muitos rostos e um só espírito, in *Bernardino LEERS, Teologia Moral, Ciências humanas e sabedoria popular: um tripé que deu certo*, Petrópolis: Vozes, 2010.

PAULO VI, Encíclica *Populorum Progressio*, 1967.

PEREIRA, Leonardo Lucas e Sandra de Fátima Pereira TOSTA (org.), *Frei Bernardino: um jeito de viver*, Vozes, Petrópolis, 2000.

PONTIFÍCIA COMISSÃO BÍBLICA, Bíblia e Moral: raízes bíblicas do agir cristão, 2008.

REJÓN, Francisco Moreno, Salvar a vida dos Pobres, in *Articulação da Teologia Moral na América Latina, in:* ANJOS, Márcio Fabri dos (org.), Aparecida: Santuário, 1987, p. 21-36.

RIOS, José Artur, *A Educação dos Grupos*, Rio de Janeiro: Serviço Nacional de Educação Sanitária, 1962.

SANTINI, Antonio Carlos, Ética, Tempo e Linguagem, in *Atualização* 341/39 (2009), p. 385-387.

SILVA, Antonio, A Ação do Moralista e seu relacionamento com o povo, in Antonio Moser (org.), *Mudanças na Moral do Povo Brasileiro*, Petrópolis: Vozes, 1984, p. 29-45.
THEVENOT, Xavier, *Contar com Deus: estudos de Teologia Moral*, São Paulo: Loyola, 2008.
TRASFERETTI, José Antônio, MILLEN Maria Inês de Castro e ZACHARIAS Ronaldo, *Introdução à Ética Teológica*, São Paulo: Paulus, 2015.

Escritos de Frei Bernardino

LEERS, Bernardino e TRASFERETTI, José, *Homossexuais e ética cristã*, Campinas: Átomo, 2002.
LEERS, Bernardino, A Consciência Ética e o Espírito Santo, in *Convergência* 33/311 (1998), p. 155-165.
LEERS, Bernardino, A convivência de jovens e de mais idosos na vida religiosa, in *Convergência* 40/379 (2005), p. 53-64.
LEERS, Bernardino, A dor na relação paciente-médico, in *Cadernos de Bioética* 3 (1995), p. 101-122.
LEERS, Bernardino, A Igreja quer pobreza ou riqueza, in *Grande Sinal* 28 (1974), p. 272-284;
LEERS, Bernardino, A Moral Fundamental na Atualidade, in *Atualização* 129/130 (1980), p. 412-427.
LEERS, Bernardino, Abortamento e maternidade, in LEERS, Bernardino; *Em Plena Liberdade*, Lutador, Belo Horizonte, 2010, p. 147-177.
LEERS, Bernardino, Abortamento e reflexão ética, in *Cadernos de Bioética* 2 (1993), p. 67-124.
LEERS, Bernardino, Bioética e Contexto, in LEERS, Bernardino, *Em Plena Liberdade*, Lutador, Belo Horizonte, 2010, p. 75-118.
LEERS, Bernardino, Catequese Rural, in *Convergência* 10/107 (1977), p. 560-573.
LEERS, Bernardino, *Catolicismo Popular e Mundo Rural: um ensaio pastoral*, Vozes, Petrópolis, 1977.
LEERS, Bernardino, Confissão específica dos pecados e a renovação do Sacramento da Penitência, in *Atualização* 3 (1970), p. 1-14.

LEERS, Bernardino, Contradições na Igreja inculturada no Brasil, in *Convergência* 23/213 (1988), p. 28-304.

LEERS, Bernardino, Cultura e Religiosidade na Minas Rural, in *Atualização* 10 (1970), p. 11-21.

LEERS, Bernardino, *Em Plena Liberdade*, Belo Horizonte: Lutador, 2010.

LEERS, Bernardino, Ensinar Teologia Moral na América Latina, in Márcio Fabri dos Anjos, (org.), *Temas Latino-Americanos de Ética*, Aparecida: Santuário, 1988, p. 279-310.

LEERS, Bernardino, Ensinar Teologia Moral, in Márcio Fabri dos Anjos (org.), *Articulação da Teologia Moral na América Latina*, Aparecida: Santuário, 1987, 119-143.

LEERS, Bernardino, Ensinar Teologia Moral, in Márcio Fabri dos Anjos (org.), *Articulação da Teologia Moral na América Latina*, Aparecida: Santuário, 1987.

LEERS, Bernardino, Envelhecer, uma arte de bem viver, in *Em Plena Liberdade*, Belo Horizonte: Lutador, 2010, p. 301-322.

LEERS, Bernardino, Evangelho e Família, in *Convergência* 22/306 (1997), p. 462-474.

LEERS, Bernardino, Evangelização e Direitos Humanos, in *Convergência* 12/p. 124 (1979), p. 329-341.

LEERS, Bernardino, Evangelização e Mundo Rural, in *Convergência* 8/87 (1975), p. 542-555.

LEERS, Bernardino, *Família, Casamento, Sexo*, Petrópolis: Vozes, 1992.

LEERS, Bernardino, Família, Ética e Tecnologia, in *Revista de Cultura Teológica*, 21 (1997), p. 115-128.

LEERS, Bernardino, Formação teológica e formação presbiteral, in *Horizonte Teológico* 1 (2002), p. 21-31.

LEERS, Bernardino, Homossexuais e Ética Cristã, in *Convergência* 37/357 (2002), p. 565-576.

LEERS, Bernardino, Homossexuais e Ética da Libertação, in LEERS, Bernardino, *Em Plena Liberdade*, Belo Horizonte: Lutador, 2010.

LEERS, Bernardino, Igreja e Desenvolvimento Rural, in *Revista Eclesiástica Brasileira* 26/2 (1966), p. 331-242.

LEERS, Bernardino, Igreja e problemas da Terra, in *Atualização* 11/p. 127-128, 1980, p. 299-312.
LEERS, Bernardino, *Jeito Brasileiro e Norma Absoluta*, Petrópolis: Vozes, 1982.
LEERS, Bernardino, Jesus Cristo e a Lei, in *Grande Sinal* 25 (1971), p. 491-503.
LEERS, Bernardino, Memórias de um professor de Teologia Moral no Brasil, in Alberto ANTONIAZZI (org.), *Novas fronteiras da Moral no Brasil: obra de homenagem a Frei Bernardino Leers*, Aparecida: Santuário, 1992, p. 17-31.
LEERS, Bernardino, Modelos de Igreja e Pastoral Vocacional, in *Convergência* 18/163 (1983), p. 288-302.
LEERS, Bernardino, *Moral Cristã e Autoridade do Magistério Eclesiástico: conflito-diálogo*, Aparecida: Santuário, 1991.
LEERS, Bernardino, Moralistas e Magistério, in *Revista Eclesiástica Brasileira* 45/179 (1985), p. 706-738.
LEERS, Bernardino, Morte e Vidas Humanas, in LEERS, Bernardino, *Em Plena Liberdade*, Belo Horizonte: Lutador, 2010, p. 251-300.
LEERS, Bernardino, Movimento Rural em Divinópolis, in *Santa Cruz* 30 (1965), p. 72-148.
LEERS, Bernardino, Mudanças e 'Secularização' na Minas Rural, in *Atualização* 12 (1970), p. 17-30.
LEERS, Bernardino, *Novos Rumos da Moral*, Belo Horizonte: O Lutador, 1970.
LEERS, Bernardino, O 'ethos' popular no Brasil, in *Logos* s/n (1980), p. 52-66.
LEERS, Bernardino, *O Boletim Rural 1*, junho de 1962.
LEERS, Bernardino, O compromisso político do religioso, in *Convergência* 13/133 (1980), p. 297-310.
LEERS, Bernardino, O Jeitinho Brasileiro, in *Logos* 9 (1982), p. 45-58.
LEERS, Bernardino, O método da pílula, in *Cultura Vozes* 60 (1966), p. 112-133.
LEERS, Bernardino, *O Ministério da Reconciliação: uma ética profissional para confessores*, Petrópolis: Vozes, 1988.

LEERS, Bernardino, O Papel da Vida Religiosa na educação da fé do povo, in *Convergência* 17/157 (1982), p. 544-557.

LEERS, Bernardino, O pecado como experiência da fé, in *Grande Sinal* 26 (1972), p. 421-431.

LEERS, Bernardino, O Sacramento da Reconciliação: um século de catequese no Brasil, in *Revista Eclesiástica Brasileira* 44 (1984), p. 299-322.

LEERS, Bernardino, O uso das drogas numa perspectiva sociocultural, in *Logos* 3/6 (1976), p. 11-30.

LEERS, Bernardino, Para uma fenomenologia da juventude: elementos de reflexão pastoral, in *Perspectiva Teológica* 14/33 (1982), p. 239-251.

LEERS, Bernardino, Pastoral Rural e Puebla, in *Atualização* 117 (1979), p. 364.

LEERS, Bernardino, Pecadofobia e sua gênese, *Revista Eclesiástica Brasileira* 59/235 (1999), p. 515-519.

LEERS, Bernardino, Profetismo na Vida Religiosa e o movimento sociopolítico no Brasil, in *Convergência* 21/196 (1986), p. 479-493.

LEERS, Bernardino, Reconciliação na prática, in *Convergência* 34/321 (1999), p. 149-159.

LEERS, Bernardino, Religiosidade Popular em caminho para Deus, in *Convergência* 31/292 (1996), p. 238-249.

LEERS, Bernardino, *Religiosidades Rural*, Petrópolis: Vozes, 1967.

LEERS, Bernardino, *Rigorismo Moral e Humor Popular*, São Paulo: Paulinas, 2007.

LEERS, Bernardino, Teologia Moral e a práxis dos casais católicos, in *Perspectiva Teológica* 36 (2004), p. 353-378.

LEERS, Bernardino, *Teologia Moral, Ciências Humanas e Sabedoria Popular: um tripé que deu certo*, Petrópolis: Vozes, 2010.

LEERS, Bernardino, Testemunhar o Evangelho com o Povo Rural, in *Convergência* 41/371 (2004), p. 140-151.

LEERS, Bernardino, Um Moralista aprendiz no Brasil, in LEERS, Bernardino, *Em Plena Liberdade*, Belo Horizonte: Lutador, 2010, p. 13-24.

LEERS, Bernardino, Uma moral de convergência, in *Perspectiva Teológica* 23 (1991), p. 299-316.

LEERS, Bernardino, Vida humana e bem-estar social, uma reflexão macro-moral, in *Perspectiva Teológica* 16 (1984), p. 31-55.
LEERS, Bernardino, Vida Religiosa e Religiosidade Popular, in *Convergência* 13/137 (1980), p. 535-549.
LEERS, Bernardino, Vida Religiosa e vida do povo: encontro e comunhão, in *Convergência* 19/171 (1984), p. 152-165.

ÍNDICE